商场（超市）营销模式与活动策划

SHANGCHANG (CHAOSHI) YINGXIAO MOSHI YU HUODONG CEHUA

（第二版）

匡仲潇◎主编

微信扫码

- 配套教学课件
- 营销管理课程
- 活动策划学习
- 经典案例分析

SPM 南方传媒
广东经济出版社
·广州·

图书在版编目（CIP）数据

商场（超市）营销模式与活动策划 / 匡仲潇主编. — 2版.— 广州：广东经济出版社, 2024.3
ISBN 978-7- 5454-9166-1

Ⅰ.①商… Ⅱ.①匡… Ⅲ.①商场－经营管理②超市－经营管理 Ⅳ.①F717.6

中国国家版本馆CIP数据核字(2024)第019291号

责任编辑：蒋先润
责任技编：陆俊帆

商场（超市）营销模式与活动策划（第二版）
SHANGCHANG（CHAOSHI）YINGXIAO MOSHI YU HUODONG CEHUA（DI ER BAN）

出版发行：广东经济出版社（广州市水荫路11号11～12楼）
印　　刷：珠海市国彩印刷有限公司
（珠海市金湾区红旗镇永安一路国彩工业园）

开　　本：730毫米×1020毫米　1/16　　印　　张：14.75
版　　次：2024年3月第1版　　印　　次：2024年3月第1次
书　　号：ISBN 978-7-5454-9166-1　　字　　数：268 千字
定　　价：58.00元

发行电话：（020） 87393830　　编辑邮箱：286105935@qq.com
广东经济出版社常年法律顾问：胡志海律师　　法务电话：（020）37603025
如发现印装质量问题，请与出版社联系，本社负责调换

前　言
Preface

零售行业一直秉承着以客户为上帝的原则，只有留住客户，增强客户的黏性，才能获得长久的发展。

如今，我们的消费群体、消费需求、消费渠道、消费习惯、消费频率都发生了巨大的变化。在现在这样一个竞争激烈的网络时代，仅依靠卖场的营销手段已经不能将客户牢牢绑定。面对新的形势，商场（超市）应重视市场研究，在营销战略的制定、营销思路的开发以及营销策略的实时调整方面加大力度，以便对企业的发展起到积极的推动作用。

商场（超市）亟须找到新的营收增长点，突破口便是结合科技赋能，让企业往信息化、数字化、智能化的方向发展。如果卖场结合公众号、小程序、微信搜索等线上有效手段，就能更好地保留客户的信息，维护好客户关系，大幅增加客户黏性，有效积累客户资源。

目前，为应对电商冲击以及日益激烈的市场竞争，大多商场（超市）积极探索，不断创新商业业态，尝试线上线下融合业务。不仅是互联网企业，传统的超市和卖场也在悄悄布局到家业务，并且已经从最初的与第三方平台合作，发展到开发独立的App或者小程序。

为应对挑战，商场（超市）营销的手段、渠道和方式随着互联网的发展和电商的冲击变得异彩纷呈。许多商场（超市）的营销方法层出不穷，尤其每逢节假日、新品上市、淡季旺季以及周年庆等各个节点都要组织相应的营销活动。

一次好的市场营销活动可以帮助商场（超市）在短期内提高销售额，提高市场占有率，提升企业知名度和增加品牌美誉度。然而，策划组织一个创意特别、组织严密、客户认可、气氛良好以及业绩显著的营销活动是一件难度极大的事情，许多商场（超市）的管理者虽都为之绞尽脑汁，却未必能够取得理想的效果。

本书是《商场（超市）营销模式与活动策划》的升级再版图书，主要内容包括营销模式与活动策划两个部分。商场（超市）营销模式部分主要讲述商场（超市）的传统营销模式和互联网经济下的新型营销模式，包括大数据营销、O2O营销、微博营销、微信营销、直播营销、社群营销、会员营销、广告营销；活动策划部分主要讲述针对商场（超市）的活动策划，包括开业庆典活动策划、周年庆典活动策划、节日促销活动策划。文中运用了大量的图表，加入了“实战范本”“拓展阅读”等栏目，以对各知识点加以丰富和拓展。本书充分考虑到现代人快节奏、高压力的工作方式，弱化理论性而注重实操性，是各级商场（超市）管理人员、营销人员必可不少的案头实操宝典，也可作为相关行业职业教育与培训的学习教程。

本书在编写整理的过程中获得了许多商场（超市）行业的朋友的帮助和支持，在此对他们表示感谢！

本书作者

2024年春

目 录
Contents

上篇 商场（超市）营销模式

线下相结合的O2O营销，以期获得更多的成长机会。

由于微博营销具有传播广泛、定位精准和传播实时等特性，因此在新媒体时代已经成为电子商务中新颖、独特的营销模式，是新媒体时代的有效营销手段之一。

微信营销是随着微信的火热而兴起的一种网络营销方式。其本质是移动互联网营销，当智能手机已经变成生活中不可或缺的工具，用户的大部分时间被手机占据时，商场（超市）的营销战场必须转移到手机上来，因为用户在哪里，广告就应该在哪里。

第五章　商场（超市）直播营销 96

现阶段，随着互联网技术越来越先进，直播营销快速发展，吸引着人们的视线，为网上传播、网络购买带来了新方式。

第六章　商场（超市）社群营销 109

相对于传统的营销手段，社群的概念本身就是私域流量的一部分，社群营销本质是低成本引流新客户、快速建立彼此信任、提高弱关系的成交率、增加老客户或强关系的裂变。通过有价值的互动，建立强关系，提高群员的关注度和参与感。

会员制营销如今已被各类零售业态广泛运用，商场（超市）实施会员制营销是稳定自己的客户群、提高客户忠诚度、实施客户关系管理的重要手段。

随着经济全球化和市场经济的迅速发展，在企业营销战略中，广告营销发挥着十分重要的作用，是企业营销组合中不可或缺的组成部分。

下 篇　商场（超市）活动策划

开业庆典是最常见的庆典活动，各类企业、商场、超市、店面等开业时都会举办隆重的开业庆典。它是一种标志，标志着机构正式成立，可以对外营业；同时也是一个喻示，喻示着美好和吉祥，这是长期以来国内甚至国际上的传统习俗。

组织一场成功的周年庆典，不仅可以展示企业的整体形象，彰显企业的品牌效应，还能够激发员工的自豪感和荣誉感，增强员工对企业发展的信心，进而转化成巨大的工作激情。因此，办好周年庆典有着十分重要的意义。

一直以来，节日促销是企业、商家着力打造的重要营销手段之一。商场（超市）可以运用多种不同的促销模式，反复开展促销活动，并熟练运用优惠券、样品赠送、返还、以旧换新等多种工具，全面完善促销效果。

01

上篇

商场（超市）营销模式

第一章 商场（超市）大数据营销

·章前导引·

大数据技术的发展，不仅改变了消费者的消费方式、消费理念，也在一定程度上对传统商场（超市）造成了极大的冲击。为了应对此类冲击，商场（超市）必须借助大数据信息，迎合消费者的需求，同时不断地拓展营销渠道，掌握消费者的个性化需求，调整自身的营销策略，促进商场（超市）在大数据时代背景下的健康发展。

第一节 大数据与商场（超市）营销模式概述

一、大数据概述

（一）什么是大数据

大数据又称巨量资料，指的是所涉及的数据资料量规模巨大到无法通过人脑甚至主流软件工具，在合理时间内达到撷取、管理、处理、整理成为帮助企业经营决策更积极目的的资讯。

（二）大数据的特点

大数据具备Volume、Variety、Velocity 和Value 四个特征，简称“4V”（如图1-1所示），即数据体量巨大、数据类型繁多、处理速度快和价值密度低。

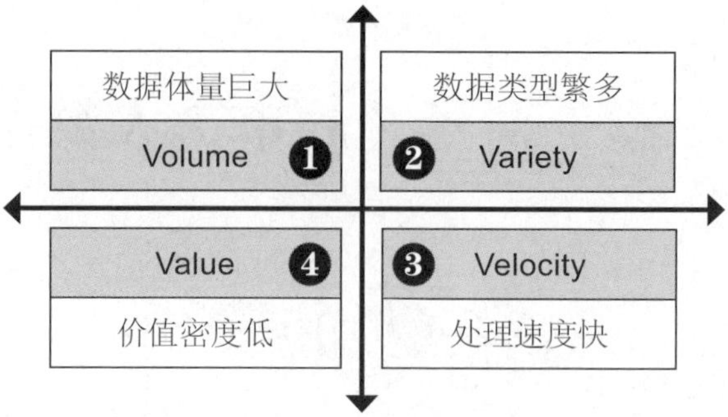

图1-1 大数据的“4V”特点

1. Volume——数据体量巨大

表示大数据的数据量巨大。数据集合的规模不断扩大，从GB级到TB级再到PB级，甚至开始以EB和ZB来计数。比如一个中型城市的视频监控头每天就能产生几十TB的数据。

2. Variety——数据类型繁多

表示大数据的类型复杂。以往我们产生或者处理的数据类型较为单一，大部分是结构化数据。而如今，社交网络、物联网、移动计算、在线广告等新的渠道和技术不断涌现，产生大量半结构化或者非结构化数据，如XML、邮件、博客、即时消息等，导致了新数据类型的剧增。随着传感器、智能设备和社会协同技术的爆炸式增长，数据的类型无以计数，包括文本、微博、传感器数据、音频、视频、点击流、日志文件等。

3. Velocity——处理速度快

数据产生、处理和分析的速度持续在加快，数据流量大。加速的原因是数据创建的实时性天性，以及需要将流数据与业务流程和决策过程中的要求相结合。数据处理速度快，处理能力从批处理转向流处理。业界对大数据的处理能力有一个称谓——“1 秒定律”，这充分说明了大数据的处理能力，体现出它与传统的数据挖掘技术有着本质上的区别。

4. Value——价值密度低

大数据由于体量不断加大，单位数据的价值密度在不断降低，然而数据的整体价值在提高。有人甚至将大数据等同于黄金和石油，表示大数据当中蕴含着无限的商业价值。

二、大数据对商场（超市）营销模式的影响

大数据时代不仅对传统商场（超市）营销造成了巨大的冲击，也给商场（超市）营销模式提供了新的发展机遇。因此，商场（超市）必须能够借助大数据优势，抓住机遇，转变营销模式。

（一）利用大数据对商场（超市）的数据基础进行分析

目前，大多数的商场（超市）还没有意识到数字化销售模式的重要性。在传统的销售模式下，有很多商场（超市）对销售信息都是采用人工方式进行记录。在这种模式下，数据的准确性得不到保障，不利于企业的长久发展。

随着物联网技术的不断发展，大数据逐渐受到人们的广泛关注。在商场（超市）发展中融入物联网技术，利用射频识别技术（RFID）、全球定位技术（GPS）以及传感器技术等对产品的销售数据进行统计分析，使得在对产品进行销售的同时能够对销售的数据信息进行处理，进而提高数据记录的效率和准确性。

大数据在对产品的销售信息进行记录、统计时，还利用SAPBW 和EXCEL 等软件对产品的销售信息进行分析，进而使得商场（超市）能够更加了解消费者的需求，并对消费者进行智能分类，进而为商场（超市）营销策略的制定提供重要依据，有利于促进商场（超市）的稳定发展。

（二）大数据有助于商场（超市）更好地掌握消费者的个性需求

计算机网络已经走向了千家万户，人们无论身处何地，都可以通过计算机网络购买自己需要的物品。这在一定程度上会改变消费者的消费观念，让其从价格驱动购买逐渐转变为需求驱动购买。在大数据时代下，价格已经不再是吸引消费者的核心因素，个性需求逐渐成为主要因素。

因此，商场（超市）营销策略应该着眼于满足消费者的个性需求方面，在以前很难满足条件，因为商场（超市）对消费者的个性需求了解不到位。但是在大数据时代，通过对消费者的相关数据进行分析，就能够判断消费者需求。例如，根据消费者的消费记录，结合当时天气因素等，可以分析出在特定小环境中消费者的需求，从而调整自身的营销策略，满足消费者的个性需求。同时，如果实际环境满足该调查环境时，商场（超市）需要增加货物库存，避免发生脱销。比如，雾霾天销售防雾霾口罩、雪天销售羽绒服等。

最早关于“大数据”的故事发生在美国第二大超市塔吉特百货（Target）。孕妇对于零售商来说是个含金量很高的顾客群体，但是她们一般会去专门的孕妇商店而不是在Target购买孕期用品。人们一提起Target，往往想到的是清洁用品、袜子和手纸之类的日常生活用品，却忽视了Target有孕妇需要的一切。为此，Target的市场营销人员求助于Target的顾客数据分析部要求建立一个模型，在孕妇第2个妊娠期就把她们确认出来。在美国，每个人的出生记录是公开的，等孩子出生，新生儿的母亲就会被铺天盖地的产品优惠广告包围，因此必须赶在孕妇第2个妊娠期之前行动起来。如果Target能够赶在所有零售商之前知道哪位顾客怀孕，市场营销部门就可以早早地给她们发出量身定制的孕妇优惠广告，早早锁定宝贵的顾客资源。

如何准确地判断哪位顾客怀孕？Target想到公司有一个迎婴聚会的登记表，于是开始对这些登记表里的顾客的消费数据进行建模分析，不久就发现了许多非常有用的数据模式。比如模型发现，许多孕妇从第2个妊娠期开始会买许多大包装的无香味护手霜；在怀孕的最初20周大量购买补充钙、镁、锌的善存片之类的保健品。最后Target选出了25种典型商品的消费数据并构建了“怀孕预测指数”，通过这个指数，Target能够在很小的误差范围内预测顾客的怀孕情况，因此就能早早地把孕妇优惠广告寄发给顾客。

为了不让顾客觉得商家侵犯了自己的隐私，Target把孕妇用品的优惠广告夹杂在其他一大堆与怀孕不相关的商品优惠广告当中。图1-2为Target的大数据营销过程。

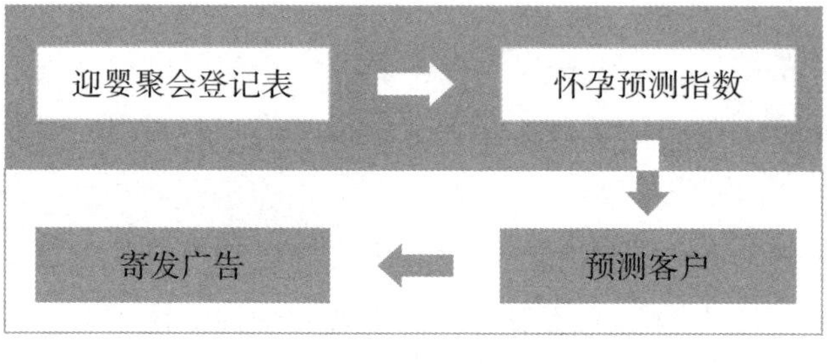

图1-2　Target的大数据营销过程

根据这个“大数据”模型，Target制订了全新的广告营销方案，结果Target的孕期用品销售呈现爆炸式增长。Target的大数据分析技术从孕妇这个细分顾客群开始向其他各种细分客户群推广，从开始使用大数据的2002年到2010年，Target的销售额从440亿美元增长到了670亿美元。

（三）利用大数据对商场（超市）的数据进行挖掘

在商场（超市）的发展过程中会产生大量的客户数据，加强对这些数据的挖掘利用，能够帮助企业及时发现数据中的有用信息，进而促进商场（超市）营销的高效进行。对于数据的挖掘可以从个性化标签体系和对客户的分类中进行。

个性化标签指的是商场（超市）根据现有的消费者数据为消费者制定的有针对性的标签。目前，企业的标签体系主要分为属性标签体系和行为标签体系。属性标签体系主要是指消费者的基础信息，其中包括消费者的姓名、性别、年龄、联系方式等情况；行为标签体系主要是对消费者的消费情况进行挖掘记录，比如，对消费者所购买的产品种类、购买的时间间隔等数据进行挖掘分析。对客户的分类主要就是在客户基础标签的基础上，对客户的信息进行分类处理，进而形成一个完善的客户分类体系；使商场（超市）能够根据客户的实际情况对产品的销售模式进行调整，进而使产品能够满足大部分消费者的需求，提高产品销量。

（四）大数据提高了商场（超市）营销渠道的灵活性

商场（超市）可以根据线上销售对其的冲击，自己搭建网上销售平台，尝试线上+线下销售同时进行的模式，这种全新的营销模式已经逐渐进入人们的视野。商场（超市）可以分析消费者通过网上购物留下的数据，包括商品种类、浏览过何种商品、消费者获取商品信息的渠道等，这些数据都能反映出消费者的购买习惯。

商场（超市）通过分析消费者的购买习惯，调整营销策略，通过线下发展为线上做补充。在调查中发现，很多商户反映，一些消费者逛实体店，更多时候并不是真的要在实体店购买商品，而是为了体验商品。根据消费者将实体店作为体验馆的特点，通过大数据分析，将对商品感兴趣的消费者人群年龄、特点等汇总出来，根据人群特征设置体验区，激发消费者的购买欲望。

（五）利用大数据实现新零售产品的精准营销

大数据的运用还能够对消费者的消费习惯和消费需求进行分析，并根据消费者的实际情况为其提供有针对性的产品信息情况，使产品更加满足消费者的需求，进而促进产品的销售。大数据的应用在为商场（超市）带来更大经济效益的同时，提高了消费者对于产品的满意度，促进了产品的快速销售，为产品的精准营销奠定了基础。

商场（超市）利用大数据对消费者的消费情况进行分析，能够了解到消费者在不同时间段、不同季节等环境下的消费情况和消费习惯，并对其影响的因素进行分析，从而计算出不同日期内消费者发生消费的概率，使商场（超市）可以根据消费者的消费概率制定产品的营销模式，进而实现产品的精准营销。比如，通过分析消费者的消费情况得知，在夏季由于受到炎热天气的影响，消费者的消费时间段一般集中在傍晚，在这种情况下，商场（超市）就可以在傍晚时间段加强对于产品信息的推送与宣传，使更多的人对产品有所了解，进而提升产品销量。

三、大数据于商场（超市）的应用

在一个加速扩张的市场中，商场（超市）要维持竞争优势，就有必要寻求创新手段，主动利用新的大范围的数据来源，这一点正变得愈加重要。在数据的帮助下，商场（超市）可以深入理解顾客数据，进而获取宝贵的商业洞见。大数据于商场（超市）的应用如图1–3所示。

- 顾客行为数据分析
- 利用大数据，使店内体验个性化
- 通过预测型分析和定向宣传，提升顾客转化率
- 顾客历程数据分析
- 运营分析与供应链分析
- 帮助企业领导者做出决策

图1–3　大数据于商场（超市）的应用

（一）顾客行为数据分析

提升客户转化率，以个性化的广告提振营收，预测并避免顾客流失，降低获取客户所需要的成本，而要应对这类挑战，深层次的数据驱动型洞察至关重要。但如今，顾客通过多个交互点，如移动设备、社交媒体、门店、电子商务网站等

与企业互动。因此，商场（超市）需要汇总与分析的数据越发复杂，涉及的数据类型也骤然增加。

一旦这些数据得到汇总与分析，商场（超市）将收获前所未有的洞见。比如，最有价值的顾客是哪些，促进他们消费更多商品的动力是什么，他们的行为模式是怎样的？与他们互动的最佳方式与时机是什么？有了这些洞见，商场（超市）不仅能收获更多客户，还能提升客户忠诚度。

（二）利用大数据，使店内体验个性化

过去，销售被视为一种艺术形式，人们认为，商品销售中，决策的具体影响是无法确切衡量的。而随着在线销售的增长，一种新的趋势开始显现：顾客会先去实体店对商品作一番了解，继而回家网购。

行为追踪技术的出现，为分析店内行为以及衡量销售策略提供了新的途径。商场（超市）必须吃透这些数据，以优化销售策略，同时，通过忠诚度应用程序，对店内体验进行个性化定制，并及时采取行动，促使顾客完成购置——最终目标就是提升所有渠道的销售额。

通过分析POS 机系统和店内传感器等数据来源，商场（超市）可以采取如图1–4 所示的措施。

措施一	就不同营销与销售策略对客户行为和销售产生的影响，进行相应的测试与量化
措施二	依据顾客的购买和浏览记录，确定顾客的需求与兴趣，然后为顾客量身定制店内体验
措施三	观察店内顾客习惯，并及时采取行动，促使顾客当场完成购物，或是之后上网购置，由此促成交易

图1–4　利用大数据使店内体验个性化的措施

（三）通过预测型分析和定向宣传，提升顾客转化率

要在提升客户获取率的同时降低成本，商场（超市）需要有效地进行定向促销。为此，商家需要全方位地了解顾客，并掌握尽可能准确的预期。

以往顾客信息都仅限于交易发生时的地理数据。但如今，顾客的互动行为多于交易行为，而这些互动发生在社交媒体等多种渠道上。考虑到这些趋势，对商

场（超市）最有利的做法，就是将顾客在互动过程中生成的数据加以利用，将其转变为顾客信息与洞见的宝库。

将顾客的购物记录、个人资料及其在社交媒体网站上的行为结合起来，通常能揭示出意料之外的洞见。

比如，一家超市的多名高价值顾客都“喜欢”在电视上观看美食频道，而且经常在××超市购物。在这种情况下，商家就可以利用这些洞察，在烹饪相关的电视节目中、个人社交网站页面上，以及有机食品店内，投放有针对性的广告。

（四）顾客历程数据分析

如今，顾客所掌握的便利条件超过了以往任何时候。基于可以获取的信息，顾客可以视便利与否，随时随地做出购买决定，或是直接购买。

与此同时，顾客的期望值也更高了。他们期待商场（超市）提供前后一致的信息，以及跨渠道的无缝体验，这些体验要能反映出他们的购物记录、喜好和兴趣。客户体验的质量比以往任何时候都更能推动销售额与顾客保留率。这就需要从数据中获取洞见，帮助商场（超市）来理解每一位顾客的跨渠道历程。

借助大数据工程技术，商场（超市）得以将结构化与非结构化的数据相结合，作为单一数据集加以分析，将不同的数据类型一网打尽。分析结果可以揭示出你未曾预料到的全新的模式和洞察，甚至可以带来传统分析手段无法企及的结果。

比如，顾客历程的每一步究竟发生了什么？哪些是你的高价值顾客？他们的行为方式是怎样的？与他们互动的最佳方式与时机是什么？

（五）运营分析与供应链分析

由于产品生命周期的加快以及运营的日益复杂化，商场（超市）开始利用大数据分析来理解供应链和产品分销，以期降低成本。优化资产利用、预算、绩效与服务质量的压力不可小觑，对此，很多商家都深有体会。因此，取得竞争优势、提升业务表现就显得格外关键。

（六）帮助企业领导者做出决策

在大数据时代，商场（超市）面对众多新的数据源和海量数据，能否基于对这些数据的分析进行决策，进而将其变成一项企业竞争优势的来源，是对企业高层提出的挑战。

同传统营销相比，运用大数据决策难度最大，因为它需要一种依赖数据的思维习惯。目前，已有少数企业开始尝试。国内一些金融机构在推出一款金融产品时，会广泛分析该金融产品的应用情况和效果、目标顾客群数据、各种交易数据和定价数据等，然后再做出相关决定。

比如，阿里巴巴汇集了海量中小企业的日常资金与货品往来，通过对这些往来数据的汇总与分析，阿里巴巴能发现单个企业的资金流与收入情况，分析其信用，找出异常情况与可能发生的欺诈行为，然后决定是否放贷及贷款金额，以控制信贷风险。

案例

冠超市运用大数据打造“未来超市”

面对电商冲击，冠超市把平台电商的大数据优势和超市营销相结合，完成新形势下的格局应对。

1. 逆流而上

与沃尔玛、家乐福、新华都等零售业巨头当下“开源节流”的做法相比，冠超市这两年在大华南区的发展步伐有些快，2013年10月，龙岩紫金财富中心上杭店开业，2014年2月签约龙岩万达项目，3月签约平潭万宝项目，5月签约入驻三明碧桂园。经过15年的发展，冠超市已经在福建和广西拥有21家门店，年销售总额近20亿元，被业内评为“福建零售业的一匹黑马”。

1999年，第一家冠超市在平潭市区开业，面积只有两三百平方米，却是平潭当地第一家开架式销售超市。经过5年的积淀，第二家分店才在闽清开业，营业面积达3000平方米。当时福建超市市场基本处于饱和状态，永辉、新华都、沃尔玛已经占据了福建的大部分市场，冠超市在福建省仍停留在二、三线城市发展路线。而放眼西南片区，当地并没有强势的超市品牌，市场潜力很大，这有可能为冠超市带来新的增长动力。于是，冠超市于2009年成立广西事业部，正式入驻广西市场，拓展了10多家分店。

冠超市最先的规模发展还是通过平价赢得顾客口碑。不同的地域，经营模式也是因地制宜，比如平潭是个海岛，不利于叶菜生长，因此普通小贩没有渠道和规模优势，叶菜卖得很贵，而冠超市就能做到压低价格来吸引顾客，这样的方式在上杭县或其他地方就不适用。

同样，贸易的价格战是互相博弈的过程，在规模尚小时如何获取更多成本优势呢？

比如，对供应商合作方面采取不同于其他超市的方式，不收取高额进场费、陈列费、促管费等；向供应商抛出“结算”优势，现金结算时间缩短，降低进货成本，就能以比竞争对手更低的价格给顾客优惠。

2. 大数据下的应对

冠超市第一次感受到电商对零售业的冲击力是在2012年的“双十一”。电商平台产品的优势之一是价格，超市怎么“拼”呢？最简单的办法是做数据分析：大数据时代，互联网终端数据更精准，冠超市团队定期追踪分析在淘宝上销量排名前十的产品（只要不是单独线上卖），如一包纸尿裤网上卖110元，他们把价格控制在110～115元，就仍有竞争力，大多数顾客会考虑网购物流费用，以及还要承担网购产品好坏的风险。

“这就是大数据时代带给我们的优势，能非常迅速地了解消费群体的需求变化，以及同类产品市场竞争力的动向，形成更精准的市场管理。”冠业集团董事长林永强说，以前为了获悉产品价格差，最原始的状态就是跑市场，甚至要记住10多家卖场里同一支牙膏的售价。

“冠超市现在对于电商平台的利用，主要还是增加渠道，起到引流顾客到门店的作用。”林永强说，比如仅上杭店的微信关注量就已达1万人以上，这样就可以很有针对性地发送活动促销，或者以发微信红包、电子礼券等多种方式，达到将顾客线上群体转线下消费的目的。

3. “未来超市”改变购物体验

在电商的冲击下，林永强更能感觉到消费群体和消费习惯的改变：连锁超市以低价吸引顾客的传统优势已经不再，超市的主流消费群体将发生改变。由此，超市的定位和提供的服务都会发生改变。

“顾客是谁？是未来的‘80后’‘90后’‘00后’……这些顾客听着什么歌曲长大，他们吃着什么东西长大，他们习惯在什么样的环境里购物，这是我们特别关注的，开发符合年轻顾客的商业形态是未来零售行业发展的重点之一，也应该是未来超市的主导。”

“超市如果还只是一个完成商品交易的场所，那它肯定完了。”林永强说，未来超市的时代很快就会来临，按照他的看法，今后人们逛便利店，与其说是买东西，不如说是进入一个社区中心。除免费Wi-Fi、移动终端等新的智能体验外，还能在那里获取和生活相关的社区资讯以及便民服务。换言之，“未来超市”应该变成一个社区的信息枢纽——人们在这里逗留、消费、娱乐、社交，休闲需求远胜于购物需求。

而这些改变已实实在在地开始在冠超市里发生。林永强向团队开放式征集，让每个人列出“你在购物时希望得到改善的服务”，最后统计下来达到100多项，讨论确定15个能落地的项目，追加到可以完善的旧门店中，比如“台湾超快速十元洗剪吹”实现购物时花10元钱理发，哺乳室方便带婴儿购物的妈妈们，小朋友专属购物车，水果区免费现榨果汁，免费榨油、榨豆浆，自助打印机打印手机照片，购物休息区等。而对于新开的门店，则可以一应俱全。近期，人们在莆田帝宝新开张的冠超市里就充分享受到了不一样的购物体验。

面对零售业的挑战，林永强认为“未来超市”将掀起一波全新的消费颠覆：谁拥有体验式，谁形成复合业态，谁能通过多种品牌、多种业态的整合形成多种购物群体的整合，谁就能获得市场青睐，得到真正的发展。

第二节　商场（超市）大数据营销要点

一、大数据营销的定义及特点

（一）大数据营销的定义

大数据营销是指通过互联网收集大量的行为数据，找到目标受众，然后对内容、时间、形式进行预测和部署，最终完成的营销过程。

大数据营销很重要的一个环节就是用户画像的出现。企业在对产品进行定位之后，可以建立产品标签和内容标签，这样可以很好地接触到客户。企业通过大数据系统，可以分析用户特征、消费行为、需求特征，以及对平台、载体、人群的选择，让营销更加精准。

（二）大数据营销的特点

大数据营销的特点如图1-5所示。

① 多平台化数据采集
大数据的数据来源通常是多样化的，多平台化的数据采集能使对网民行为的刻画更加全面而准确。多平台采集可包含互联网、移动互联网、广电网、智能电视，未来还有户外智能屏等数据

② 强调时效性
在网络时代，网民的消费行为和购买方式极易在短时间内发生变化。在网民需求点最高时及时进行营销非常重要。全球领先的大数据营销企业AdTime对此提出了时间营销策略，它可以通过技术手段充分了解网民的需求，并及时响应每一个网民当前的需求，让他们在决定购买的“黄金时间”内及时接收到商品广告

③ 个性化营销
在网络时代，广告主的营销理念已从“媒体导向”向“受众导向”转变。
以往的营销活动需以媒体为导向，选择知名度高、浏览量大的媒体进行投放。如今，广告主完全以受众为导向进行广告营销，因为大数据技术可让他们知晓目标受众身处何方，关注着什么位置的什么屏幕。大数据技术可以做到当不同用户关注同一媒体的相同界面时，广告内容有所不同。大数据营销实现了对网民的个性化营销

④ 性价比高
和传统广告“一半的广告费被浪费掉”相比，大数据营销最大限度地让广告主的投放做到有的放矢，并可根据实时性的效果反馈，及时对投放策略进行调整

⑤ 关联性
大数据营销的一个重要特点在于网民关注的广告与广告之间的关联性。由于大数据在采集过程中可快速得知目标受众关注的内容，并知晓网民身在何处，因此这些有价信息可让广告的投放过程产生前所未有的关联性。即网民所看到的上一条广告可与下一条广告进行深度互动

图1-5　大数据营销的特点

二、商场（超市）大数据营销管理优化

（一）优化商品组合布局，正确安排商品进货与库存

1. 优化商品组合布局管理

商品组合布局管理包括商品组合优化和商品布局管理。商品组合优化包括检查商场（超市）现有商品的品种类别，决定是否增加或剔除有关商品，从而使商场（超市）在进货的选择和搭配上更具目的性。应用数据挖掘技术对大型商场（超市）数据仓库中的数据进行分析，得出各个商品的利润额，对商品组合进行优化，从而使商场（超市）获取更多的利润。

另外，在大型商场（超市）经营中，商品摆放位置对销售起着至关重要的作用。合理的商品布局不仅能节省顾客的购买时间，而且能刺激顾客的购买欲望。通过合理利用数据挖掘技术，商场（超市）管理人员可以了解顾客的购买习惯和偏好，考虑购买者在商场（超市）里所穿行的路线、购买时间和地点、货架的使用效率、畅销商品的类别、不同商品一起购买的概率，通过对商品销售品种的活跃性和关联性进行分析，用主成分分析法，建立商品设置的最佳结构和商品的最佳布局，以提高商场（超市）的销售额。

2. 正确安排商品进货与库存，降低库存成本

商场（超市）应用数据挖掘技术，可以对各个商品、各色货物进行增减，确保正确的库存；确定最佳经济批量、最佳订货时机，从而节约大型商场（超市）的进货和库存管理费用；数据仓库系统还可以将库存信息和商品销售预测信息通过电子数据交换直接传给供应商，由供应商负责定期补充库存，从而减少商业中介。

（二）帮助商场（超市）有效管理顾客类别，提高顾客满意度

1. 有效管理顾客类别

商场（超市）通过应用数据挖掘，一方面，可以将顾客按照一定的标准进行分类。对每一类消费模式进行分析，有利于商场（超市）准确制定针对不同顾客群的营销策略和顾客维持策略。对现有顾客做出分类之后，商场（超市）还会吸纳新顾客，并将其归入合适的顾客群中，利用判别分析，通过顾客细分时的特征指标进行判别，将其与最相似的顾客归为一类。有时甚至可以挖掘出一类有潜力的成长型顾客，对其使用特别的营销策略。另一方面，面对海量的顾客数据，商

场（超市）通过运用会员卡制度，从中选取能够反映顾客特征的多个指标，对性别、年龄、职业、职位、受教育程度、年薪等信息进行收集，结合大型商场（超市）数据库中所累积的顾客平均消费额、重复购买次数、单位时间消费额占总收入的比重等消费信息运用数据挖掘技术进行分析，了解不同顾客的消费水平和消费趋向。

2. 制定营销策略，提高顾客满意度

顾客满意度是客户关系管理中的重要概念，也是客户关系好坏的重要衡量指标。商场（超市）可以利用数据挖掘技术准确制定营销策略，提高顾客满意度。主要表现如图1-6所示。

表现一	通过对市场同类产品和服务销售情况、顾客情况的资料收集和分类分析，明确细分市场，确定本商场（超市）差别化的产品和服务定位、目标顾客和市场营销策略
表现二	通过相关性分析挖掘顾客购买商品的相关性，优化商品组合布局，帮助顾客选择商品，节省顾客购买时间
表现三	通过对商场（超市）销售数据的序列分析，发现顾客基于时间的购买模式，提高顾客的满意度
表现四	通过建立顾客会员制度，记录同一顾客在不同时期购买的商品序列，通过统计分析和序列模式挖掘顾客购买趋势或忠诚度的变化
表现五	运用数据挖掘技术预测顾客需求，及时调整产品的结构和内容
表现六	进行顾客流失分析，关注顾客流失的时间、分析流失的原因，及时采取措施，最大限度地留住顾客

图1-6　大数据分析准确制定营销策略的表现

（三）科学管理销售数据，促进交叉营销

商场（超市）通过对销售数据的分析进行市场分析，确定企业的目标市场，准确开展市场营销活动，使营销活动更能满足顾客的需求、欲望以及对商品的预期需求，有利于确定营销目标、增加营销利润、降低营销成本。大型商场（超市）经营的商品成千上万，但并不是每一种商品都能为商场（超市）创造出最大的价值。因此，需要从众多的商品中发现创造价值最大的商品。然后，据此调整商品的结构，安排商品的库存和订货对企业来说十分重要。另外，商场（超市）

也需要根据消费者的需求及其变化，对商品进行合理的安排和调整，以获取最大的利润和减少流动资金的占用。

在销售管理方面，基于数据挖掘制定营销策略的另一重要体现，就是交叉销售。交叉销售是指向老顾客销售新的产品或服务的过程，其优势在于商场（超市）能够容易得到顾客较为丰富的信息。在商场（超市）所掌握的老顾客信息特别是老顾客以前购买行为的信息中，可能正包含着决定这个顾客下一个购买行为的关键信息。此时数据挖掘中的关联分析和聚类分析可以帮助商场（超市）寻找到那些影响顾客购买行为的关键信息和因素，从而帮助商场（超市）针对顾客的实际情况展开个性化营销策略。

三、商场（超市）大数据营销的环节

商场（超市）是卖商品的，商品是人购买的，如何将商品数据和顾客数据有效对接，是大数据最核心的商用价值。因此，商场（超市）要做好大数据营销，需把握好如表1-1所示的环节。

表1-1　大数据营销的环节

序号	环节	说明
1	顾客行为与特征分析	只有积累足够的顾客数据，才能分析出顾客的喜好与购买习惯，甚至做到“比顾客更了解顾客自己”。这是许多大数据营销的前提与出发点
2	精准营销信息推送支撑	精准营销总是被提及，但是，真正做到的少之又少，反而是垃圾信息泛滥。究其原因，主要就是过去所谓的精准营销并不怎么精准，因为其缺少顾客特征数据支撑及详细准确的分析
3	引导产品及营销活动投顾客所好	如果能在产品生产之前了解潜在顾客的主要特征，以及他们对产品的期待，那么你的产品生产即可投其所好
4	竞争对手监测与品牌传播	竞争对手在干什么是许多企业想了解的，即使对方不会告诉你，你也可以通过大数据监测分析得知。品牌传播的有效性亦可通过大数据分析找准方向。比如，可以进行传播趋势分析、内容特征分析、互动顾客分析、正负情绪分类、口碑品类分析、产品属性分布等，可以通过监测掌握竞争对手传播态势，并可以参考行业标杆顾客策划，根据顾客声音策划内容，甚至可以评估微博矩阵运营效果

续表

序号	环节	说明
5	品牌危机监测及管理支持	新媒体时代，许多企业对品牌危机谈虎色变，然而，大数据可以让企业提前有所洞悉。在危机爆发过程中，最需要的是跟踪危机传播趋势，识别重要参与人员，方便快速应对。大数据可以采集负面定义内容，及时启动危机跟踪和报警，按照人群社会属性分析，聚类事件过程中的观点，识别关键人物及传播路径，进而可以保护企业、产品的声誉，抓住源头和关键节点，快速有效地处理危机
6	企业重点顾客筛选	让许多企业家纠结的是：在企业的顾客、好友与粉丝中，哪些是最有价值的用户？有了大数据，或许这一切也就有了事实支撑。从顾客访问的各种网站可判断其最近关心的东西是否与你的企业相关；从顾客在社会化媒体上所发布的各类内容及与他人互动的内容中可以找出千丝万缕的信息，利用某种规则关联及综合起来，就可以帮助企业筛选重点的目标顾客
7	大数据用于改善顾客体验	要改善顾客体验，关键在于真正了解顾客及他们所使用的你的产品的状况，做适时的提醒
8	社会化客户关系管理中的顾客分级管理支持	面对日新月异的新媒体，许多企业通过对粉丝公开内容和互动记录的分析，将粉丝转化为潜在顾客，激活社会化资产价值，并对潜在顾客进行多个维度的画像。大数据可以分析活跃粉丝的互动内容，设定顾客画像各种规则，关联潜在顾客与会员数据，关联潜在顾客与客服数据，筛选目标群体做精准营销，进而可以使传统顾客关系管理结合社会化数据，丰富顾客不同维度的标签，并可动态更新顾客生命周期数据，保持信息新鲜有效
9	发现新市场与新趋势	基于大数据的分析与预测，对于企业家洞察新市场与把握经济走向都是极大的支持
10	市场预测与决策分析支持	对于数据对市场预测及决策分析的支持，过去早就在数据分析与数据挖掘盛行的年代被提起过。沃尔玛著名的“啤酒与尿布”案例即是那时的杰作。只是由于大数据时代上述Volume（规模大）及Variety（类型多）对数据分析与数据挖掘提出了新要求。更全面、速度更及时的大数据必然为市场预测及决策分析更进一步提供更好的支撑。似是而非或错误的、过时的数据对决策者来说堪称灾难

案例

天虹商场联手百度大数据

1. 传统零售转型

线上有微信、微品等渠道，线下有跨境电商体验店、实体门店，如何将线下线上导流、信息共享，是很多传统百货转型面临的问题。受电商冲击率先转型的天虹商场选择了以官方App为统领全渠道的角色，而和百度的“联姻”，则是通过对大数据的利用来实现精准的匹配和营销推送，从而提供线上线下的服务。

天虹商场于2015年10月26日携手百度，宣布成立“百度&天虹零售大数据实验室”，在大数据应用和O2O到家业务方面，展开深度战略合作。同时，天虹商场对外发布了官方App“虹领巾”，该入口将作为天虹商场全渠道战略的统领角色。

受到电商冲击的百货公司天虹商场2013年即启动全渠道战略转型，在传统零售行业率先推动业务转型，先后推出天虹的微信和微品。此外，天虹商场旗下还有电子商务网站和“天虹到家”业务。

“虹领巾”不仅整合天虹所有互联网渠道资源，还连接所有线下实体门店，利用大数据，实现移动营销引流，让每个实体店铺完成互联网转型，实现全渠道销售。而联合百度，则是通过对大数据的利用来实现精准的匹配和营销推送，提供线上线下的服务。

2. 全渠道布局

天虹“全渠道零售商”战略有不一样的购物场景、不一样的移动渠道、不一样的实体门店和不一样的供应链。

天虹“全渠道”勾勒的顾客购物场景为：从会员顾客进入天虹商场门店或车库开始，即进入天虹精准服务范畴。顾客可以打开网络接收来自天虹的活动推荐信息，在商场内既可线上消费，也可线下消费；既可线上下单线下自提，也可线上购买线下退货。

其中线上消费有几个渠道，如“天虹微信”“天虹微品”“跨境电商体验店”和“天虹到家”。

天虹微信会员人数超过400万，月均交互会员数量超过100万；每月都会与品牌商合作，按照顾客生活方式推出主题活动，帮助品牌商在短短几天内实现实体店单个专柜一个月的销售。天虹微品则采取B2C2C的销售模式，主推精选单品分享和送礼功能。

跨境电商体验店目前已经入驻深圳多家天虹商场，门店的虚拟货架购物，让顾客有更多的商品选择，供应商也能够在有限的面积展示更多的商品；“天虹到家”业务则精选超市商品，满足顾客一站式生活需求，按需预约配送，最快2小时内送达，不仅让顾客生活更加便利，而且让商品的销售范围更大。

此外，天虹商场内每一个实体店铺都可以在“虹领巾”开设移动专柜，同步实现全渠道销售。

除了在线上移动渠道打开入口，天虹商场线下门店也正通过门店移动互联网化配合线上和线下双渠道销售。其中，增加线上即时消费的内容和产品是主要措施。天虹商场在全国拥有商场及购物中心门店64家，原有门店即时消费类内容占比平均达到20%，新开门店的即时消费类内容占比达到35%。

天虹商场在发展业态上也做了调整，即从传统百货业态转向购物中心和便利店。购物中心是天虹主要的拓展业态之一。在天虹购物中心内，门店正尝试“情景消费”来改善消费体验。这种在商场内分类产品情景布置展示的方式，类似于宜家家居的营销模式，打破了原来的货架分类，以厨房、婴儿房、衣帽间等情景的布置，吸引顾客参与家居布置和设计。

天虹旗下微喔便利店已拥有130多家门店。微喔便利店是天虹针对“社区最后一公里”的智慧管家，采取“特色商品+生活服务+O2O”的经营模式为顾客提供便利。

3. 资源整合

完成所有线上线下渠道布控后，天虹商场进入各渠道资源整合阶段。“虹领巾”就是所有资源的整合者。

“虹领巾”将整合实体店所有流量资源，在这些流量中，天虹会员将是核心流量资源，“虹领巾”打通天虹线上线下的会员，成立统一的会员中心，让顾客可以统一身份穿梭在线上线下。

每天平均约有86万人走进天虹，最热闹的门店每天约有4万人光顾，但是真正进入某个柜台的可能只有几十人，真正成交的可能只有几个人，甚至有的时候成交数据为零。为改变这一现状，天虹首先做的是“连接”。过去只有顾客走近商品前与销售员有交互才与商家建立连接，而“虹领巾”可以让每个顾客从进入停车场，甚至是走进商场所在商圈范围内打开商场Wi-Fi开始，就可以接收到商家的商品信息、活动信息。

其次是“大数据”。零售其实有很多数据，但是过去的企业只是把它放在后台，从来没有系统地用它去经营过生意。而“虹领巾”会把零售的小数据、商圈的中数据、百度的大数据做整合解读，通过解读大数据，实现精准的匹配和营销推送，从而实现高效的引流，进而带来销售转化。对大数据的利用，主要服务于“虹领巾”。

通过整合资源，“虹领巾”为天虹商场内商家创造了很多生意机会。某休闲品牌用“虹领巾”开展了8天优惠推广活动，试运行期间，在该品类销售额同比下降24.47%、客流下降20.5%的情况下，该专柜实现了销售额同比53.8%、客流同比57.9%的逆势增长。

因此，“虹领巾”聚集了线上线下的商品信息，其本身又是一个离顾客最近的全天候的销售渠道。未来天虹将在很多互联网平台做展现和互动营销，其后台都是这个App。

四、商场（超市）大数据营销的策略

（一）通过大数据理解消费者行为特征

1. 供需精准化

大数据第一个价值在于均衡供给和需求，商场（超市）根据客流数量和历史数据告知各商家下个时段预计顾客数，顾客App 接收精准推荐的优惠券，引导顾客流量，均衡供需。

在实现顾客标签管理的同时，把商家部分商品、套餐、服务数据化处理并标签化，以便与目标顾客更精准匹配。精准个性推荐的基础是用户标签，如图1-7所示。

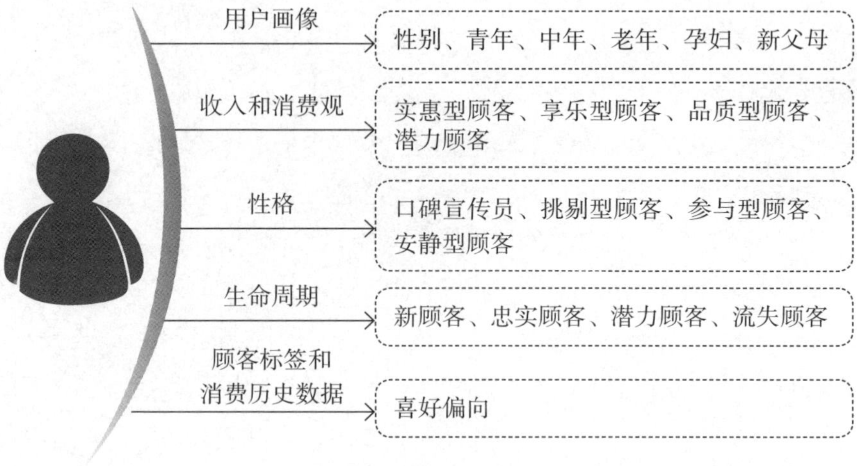

图1-7　用户标签

2. 提升消费者体验

商场（超市）应通过大数据的收集，根据用户标签，实时精准地把优惠推送给最有需要的人。

比如，如果电影院某些场次观众很少，则可向附近有需要的会员发送免费电影票，用最小成本让顾客获得意外体验。

3. 让服务升级

商场（超市）也可通过大数据的应用，让服务升级。

比如，大悦城的会员从一开始办卡到使用，每月的消费额不同，购买的商品有差异，通过大数据可以分析出会员的行为习惯，从而在某一时间推送给会员某品牌的优惠券、O2O活动或艺术沙龙等精准信息，从而实现大数据背后的精准化营销。

大悦城将会员分为21个层级，为每一个层级推送完全不同但与之相应的信息。通过“综合云数据中心”为客户提供精准的个性化营销，管理层也能及时掌握每家商户的销售业绩以及市场状况。

提供免费的Wi-Fi服务，将微信、微博、App连接成一个整体等，增加消费者的店内购物体验和购买转换率，让购物中心的全渠道零售管理逐渐从梦想成为可能。

（二）以大数据构建线上线下高效运营平台

1. 利用数字科技，使用监控获取和分析线下客流信息

行业内众多的百货、购物中心、超市乃至专卖店都在使用客流监控系统，可以根据投资级别得到相应级别的数据。

比如，对商场内外间的进出口进行监控，以分析出各时段出入商场的人数；在动线或动线转折点，可以监控动线的客流引导效果；在收款台进行监控，可以统计不同时段平均的收款台的排队长度。

2. 依靠Wi-Fi实现客流数据的采集

通过Wi-Fi对线下数据进行采集分析是时下商场（超市）掘金大数据的热门应用，商场（超市）希望能拥有类似在线电子商务网站Cookie那样记录顾客行为模式、偏好和转化率等数据的工具。

比如，万达广场顾客Wi-Fi跟踪系统就是在整个广场搭建大Wi-Fi和大会员体系，通过Wi-Fi体系可以捕捉在广场里面的所有的智能手机用户的行迹路线、所关注的商品和消费习惯，然后通过所有的会员体系就可以掌握所有会员的各类信息和其特有的相关产品喜好。

3. 用支付宝来打通线上线下和支付

目前支付宝正探索通过portal页信息为合作商家导流，甚至在未来引入一套类似于阿里妈妈的推广体系。在支付宝的构想中，为某商户实体店铺设Wi-Fi的同时，可以通过portal页将用户导入该品牌的天猫店、支付宝服务窗、App、微信公众号。

一旦导流系统完成，支付宝就可以通过portal页将实体店、天猫店、手机App、支付宝企业账号和微博等互联网产品进行整合营销。与目前行业中普遍应用的简单CPS广告相比，前者的针对性更强，转化率更高。

（三）利用大数据进行运营优化

1. 优化会员生命周期管理

商场（超市）运营策略立足于“经营客流”，单个消费者的单日消费轨迹追踪，利用价值并不高，而影响最大的是会员生命周期。通过对会员总体的生命周期进行管理，可以准确发现会员维护节点期、平台期、高价值消费期和预计的流失期——只有把握其中的规律，才有助于指导日常商业运营的会员管理。

比如，上海某商场通过客户偏好分析，把忠诚会员可能感兴趣的品牌作为积分兑换目标，并将活动信息发给12 万会员中的1824 人，最后实际兑换的人数为28人，参与率为7%，而同行业同类促销活动的参与率仅为1%。

2. 精准获取消费者购物喜好

累积不同用户对品牌和折扣喜爱程度的数据，依托成熟门店的相关数据，再根据新开门店所在城市的用户分析，可以导出新开门店组货和招商的指导意见。

比如，银泰城在百货门店和购物中心利用银泰网，打通了线下实体店和线上的VIP账号。当一位已注册账号的客人进入实体店，他的手机连接上Wi-Fi，后台就能认出来，他过往与银泰的所有互动记录、喜好便会一一在后台呈现。通过对实体店顾客的电子小票、行走路线、停留区域进行分析来判别消费者的购物喜好，分析其购物行为、购物频率和品类搭配习惯。

案例

乐购超市玩转大数据营销

大多数超市的会员卡只有积分、打折的简单功能，而乐购却利用大数据对消费者每次采购的总量、偏爱哪类产品、产品使用频率等消费行为进行记录、分析。随着数据不断累积，消费者及其家庭的消费需求、习惯和偏好也在不断对焦中变得精准。

一、乐购信奉的理念

乐购信奉一种理念——You are what you buy（你买什么你就是什么样的人）。如果一个男性会员在过去十几周常常采购火腿、方便面和啤酒，他极有可能还是单身。

如果女士的购物篮中接连出现奶粉、尿布，她应该是一个年轻的母亲；如果一个会员在超市打折时批量采购5升装的可乐、大瓶酱油和食用油，他八成是附近小店的老板；如果一个家庭主妇多次采购中既有老年人的保健品，又有孩子的玩具，她似乎有一个三代同堂的大家庭……这些看上去似乎很简单，但如果没有大数据对每次购物时每个消费者信息的收集、统计和分析，是无法判断的。

“大数据”能让乐购了解每一个顾客的消费需求。在加入会员12周后，会员开始不定期收到乐购针对个人定制的优惠券，在企业数据库中，他（她）像一千多万乐购中国会员一样被按照多种标准划分到不同组群。

有的按照忠诚度划分，可分为忠诚型、机会型、已流失型；有的按照消费能力，分为高、中、低三档；有的则是按照购物习惯分类，分为数码达人、时尚辣妈、进口商品爱好者……

二、打开金矿的方法和路径

单个消费信息看似一粒金沙零散、无用，但海量数据聚集起来，就能形成一座硕大的金矿。关键是能否找到打开金矿的方法和路径。

“采集和分析消费数据能够透过消费行为识别顾客需求，划分类别能够摸清这一群组消费者的个性与共性，从而在日常消费中进行精准引导、营销。”乐购市场部总监邓旭如是说道。

孕妇就是在将消费者进行划分后，被乐购最为看重的一类会员。人的一生中总有几个消费行为习惯发生明显改变的时期，从妊娠期需要护肤品、防辐射装，到生产后消费奶粉、尿布，再到婴儿成长期采购玩具、童装，怀孕生子的消费特征十分明晰、极易辨别确认。

从怀孕到儿童三岁前是家庭消费需求最旺盛的时期，每人每年平均消费开支可达四千元以上的峰值。这是所有超市最希望获得的客户群体。

根据乐购大数据分析结果，一小部分的顾客构成了利润的一大部分，即80∶20原则，在所有连锁店，前100名消费最高的顾客和最底层的4000名顾客价值相当。辨识目标客户的身份是赢得他们信赖的前提。

三、精准营销

大数据绝非如许多人想象中是锁在黑色服务器中充满运算法则的枯燥计算，它对现实商业社会有着不可估量的价值。

如果一个顾客被划分到高端消费人群，却常常购买抹布，大数据就会向她推送高级厨纸；一到情人节，系统就会向单身男女寄出巧克力的优惠券；每逢鸡蛋打折，老年女性消费者就会收到减价的信息……

同时，乐购中国还尝试着针对细分人群进行深度营销，组建了十多个俱乐部，超市为“分类俱乐部”制作了不同版本的“俱乐部卡杂志”，刊登最吸引这些细分人群的促销信息和关注的话题。

在零售业界有种说法，沃尔玛是个了不起的采购者，乐购是个了不起的销售者。全球最大的管理咨询和技术服务供应商埃森哲中国公司总监钱冰认为，乐购在全球零售业会员制最为成功，其秘诀就是通过大数据分析过往消费记录预判每一名顾客的潜在需求，从而实现个性化营销。

当收到的优惠券含有大量所需商品时，顾客会认为超市“懂我”，不是一味地把不需要的商品推销出去，而是在用心提供私人定制化服务。或许某一种商品优惠幅度并不大，但多种所需商品同时优惠的诱惑往往让人难以抗拒。

这时，上门消费进而成为忠诚顾客的可能性就会大大增加。

如果大数据分析出周边地区顾客以高端人群为主，超市采购的商品就要更加注重品质，超市环境布局也要更加舒适；如果以低端人群为主，应该经常打折促销，缩短货架间距以加快顾客的流动。

乐购在对顾客进行精准营销的同时，也尝试着用大数据指导企业自身的经营管理。对于消费者，这种合理利用购物信息的方式并不会引起消费者的反感，消费者可以最快捷的方式得到自己想要的优惠，不用再像过去那样，拿着超市的促销宣传海报，一个一个地筛选适合自己的商品，顺应现在快节奏的生活。

大数据对商业价值的发掘仅是冰山一角，随着大数据发展越来越完善，会有更多方便人们衣食住行的方式出现。

第二章　商场（超市）O2O营销

·章前导引·

随着竞争的加剧、消费者需求的变化，越来越多的商场（超市）通过开展线上与线下相结合的O2O营销，以期获得更多的成长机会。

第一节　O2O营销概述

一、什么是O2O营销

O2O即Online To Offline（在线离线/线上到线下），其概念源于美国，是指将线下的商务机会与互联网结合，让互联网成为线下交易的平台。2013年，O2O开始进入高速发展阶段，开始了本地化及移动设备的整合和完善，于是O2O商业模式应运而生，成为O2O模式的本地化分支，商场（超市）的O2O也随之高速发展起来。

O2O营销模式又称离线商务模式，是指线上营销线上购买带动线下经营和线下消费。O2O通过打折、提供信息、服务预订等方式，把线下商店的消息推送给互联网用户，从而将他们转换为自己的线下客户。

二、O2O营销的特点

作为一种新的营销模式，O2O营销具有如下特点。

（一）对顾客而言

对顾客而言，O2O营销具有如图2-1所示的特点。

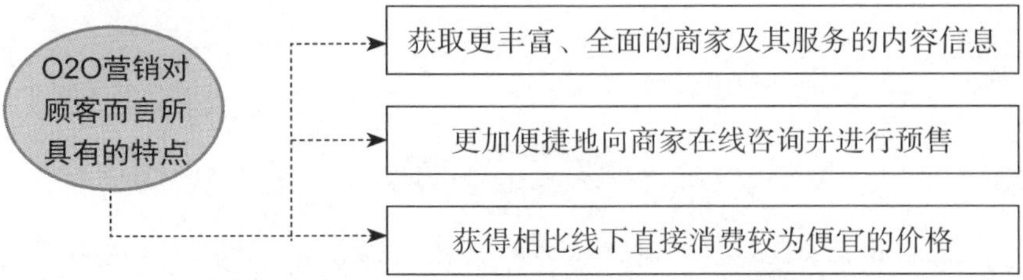

图2-1 O2O营销对顾客而言所具有的特点

（二）对商家而言

对商家而言，O2O营销具有如图2-2所示的特点。

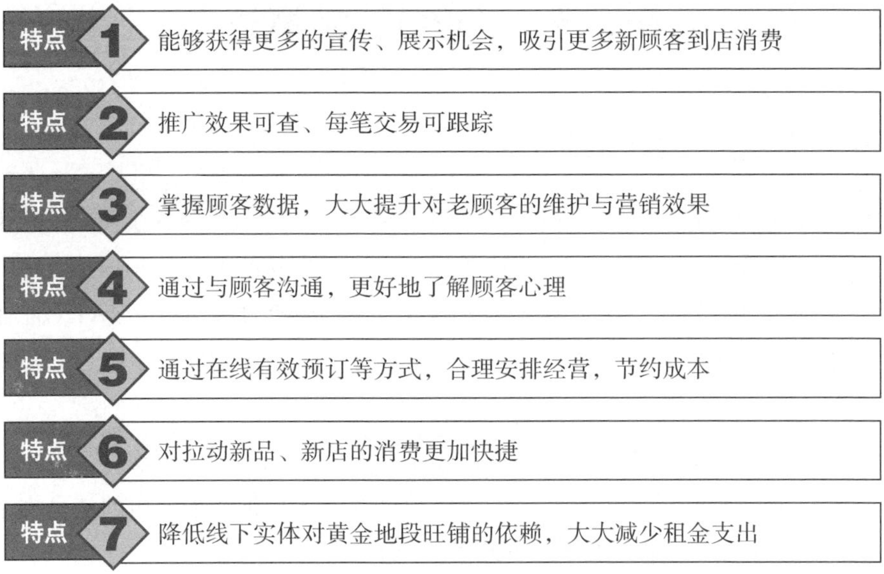

图2-2 O2O营销对商家而言所具有的特点

三、O2O营销的优势

O2O的优势在于能够完美地打通线上线下，实现线上线下多场景互动。另外，O2O成熟的操作运营模式丰富了具体的应用场景模式，让顾客在享受线上优惠价格的同时，又可享受线下贴身的服务。同时，O2O模式还可实现不同商家的联盟。具体来说，O2O营销模式具有如图2-3所示的优势。

优势一	拉近与顾客之间的距离，扩大影响力，促进消费
优势二	占领手机/电脑桌面，提高顾客忠诚度，使顾客随时随地浏览，增加顾客购买机会
优势三	新品信息、促销信息第一时间推送到顾客手中，精准营销，占领先机
优势四	方便集成地理位置系统，线上线下联动；可拓展多种支付接口，增加成交机会
优势五	可设置电子会员卡及App 积分体系，对顾客吸引力更强；碎片时间购物更方便，且没有运费，省心省力
优势六	顾客线上下单，线下门店集中配送，成本更低。同时，支持门店自提和送货入户双重体验，且更安全

图2-3　O2O营销模式的优势

第二节　商场（超市）O2O营销要点

一、商场（超市）O2O引流的策略

商场（超市）要想利用O2O营销，可采取以下两种引流策略。

（一）由线下发起的 O2O 引流

由线下发起的O2O引流，首要任务是将顾客引至线上的官方网站/网店、移动App /移动网店或各类社交网站上的官方账号。由线下引流至线上，主要的手段通常有如图2-4所示的几种。

手段一	线上广告刺激，其中可以同时提供网址或对应的二维码，供顾客输入或拍照
手段二	线下口碑传播，驱动潜在顾客自己上网通过搜索等方式找到相应的线上网店或社区
手段三	线下提供可以在线上使用的优惠券
手段四	通过在地铁车站或公交车站等公共空间设立虚拟超市，潜在顾客通过上面的二维码进入相应的购买页面
手段五	通过提供支付型二维码，直接完成消费

图2-4 由线下引流至线上的主要手段

（二）由线上发起的O2O引流

由线上发起的O2O引流，通常分为两类，具体如图2-5所示。

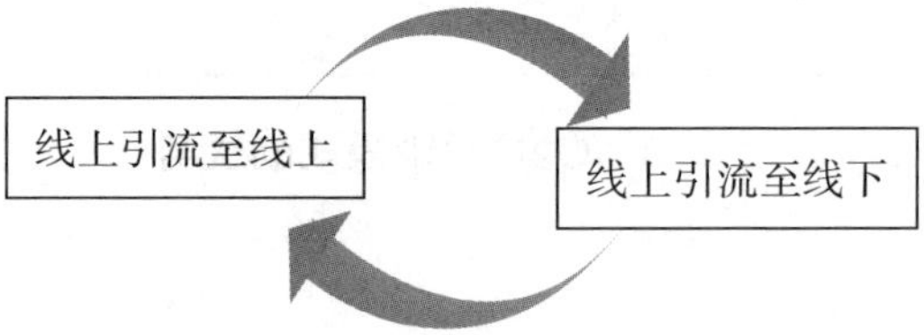

图2-5 由线上发起的O2O引流的分类

1. 线上引流至线上

如果是由线上引流至线上，则后者同样可能是官方网站/网店、移动App /移动网店或各类社交网站上的官方账号，而前者则可能来自其他的线上平台。其方法与上述从线下引流至线上接近，只是广告、网址、二维码及优惠券可以在线上直接提供，操作起来更方便。

2. 线上引流至线下

如果是由线上引流至线下，则主要的手段通常有三类，具体如图2-6所示。

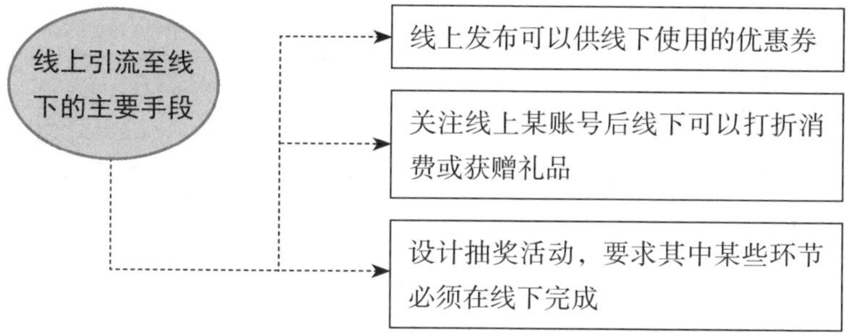

图2-6　线上引流至线下的主要手段

引流只是O2O的第一步，相应的网站或社区必须不断优化服务流程，让被引来的潜在顾客能够注册并真正消费。显然，简单、实用或实惠，加上前面提到的广告、口碑或优惠券，是吸引潜在顾客注册并消费的动力所在。

二、商场（超市）O2O营销的渠道

现在O2O被称作全渠道，实际上是信息化与流通领域的深度融合。今后将很难出现没有信息化的实体经济，也不会有不与实体经济相结合的电子商务。

对于商场（超市）这类零售企业来说，应通过图2-7所示的措施来推进O2O全渠道的融合。

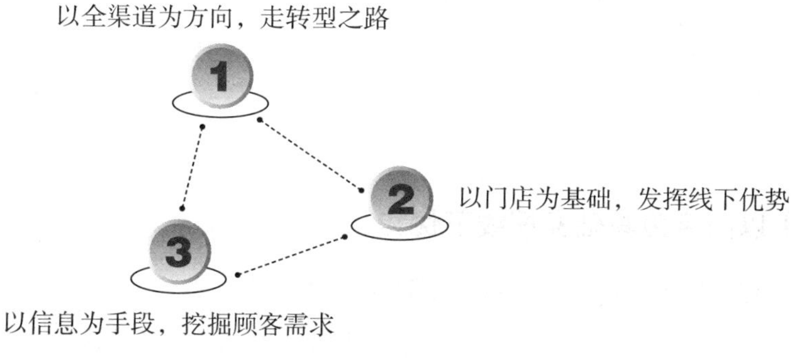

图2-7　推进O2O全渠道融合的措施

（一）以全渠道为方向走转型之路

截至目前，包括苏宁云商、国美电器、宏图三胞、步步高、王府井百货、银泰百货、沃尔玛等在内的众多传统零售企业已经纷纷携手互联网，踏上了O2O全渠道的转型发展之路。

比如，提起王府井百货，很多人心中会给其打上古老和传统的标签，但在零售业裂变的过程中，王府井百货却走在时代前沿。2014年初，王府井百货就决定要全面进行第三次创业。其围绕的核心是，如何打造互联网时代百货业的新型发展模式。以此为背景，王府井百货集团确定了全渠道发展的转型升级之路。这一年，王府井百货在门店布局了Wi-Fi，给导购配备了iPad，还引入了微信、支付宝等新型支付方式，并大力拓展微信、App、网上商城等新型购物渠道。

O2O全渠道融合，未来是一个思维观念的改变，会有几大发展趋势，具体如图2-8所示。

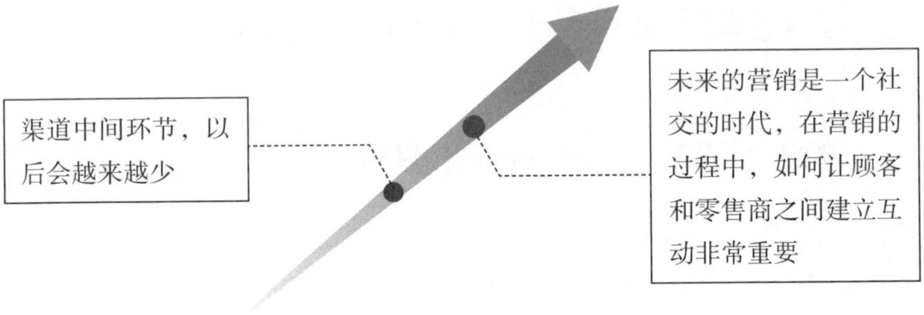

图2-8　O2O全渠道整合的趋势

而利用大数据和移动互联网则能够帮助商场（超市）在O2O的道路上走得更快。O2O代表了线上线下两端，在真正实施O2O的过程中，其实线下还是主流，占有90%，线上只有10%。所以，商场（超市）拓展O2O更重要的是把线下的基础工作做扎实。

（二）以门店为基础发挥线下优势

毋庸置疑，线下是商场（超市）拓展O2O的重要一环。实体门店是零售企业在零售业深耕多年的基础，在布局全渠道的过程中，发挥这一环的作用不容忽视。

（1）对于传统零售商而言，利用O2O可以无限放大门店的有限空间。

比如，线下由于受到物理条件、场地面积的限制，商家很难将所有的商品都呈现出来，但顾客的选择又是多样性的。为此，苏宁将门店的后台系统与线上平台打通，这充分利用了线上无限展示、陈列商品的功能。过去，顾客去苏宁门店，如果看到自己想买的某款产品没有展示销售，就会去其他家，但现在苏宁可以引导顾客直接在线上进行购买，然后由苏宁将商品送货上门，这相当于丰富了苏宁门店产品的种类。

（2）除卖商品外，企业更重视的是门店的服务功能，这是电商所欠缺的。

比如，有网购经验的人都知道，如果对商品不满意需要退货，就必须把商品寄回给商家，这很麻烦。而苏宁通过打通线上线下两个渠道后，能够做到一旦顾客对商品不满意，可以到附近的任何一家苏宁门店进行退货，这一体验举措提高了顾客对苏宁的好感度，甚至能够将顾客不好的网购体验通过面对面服务转变为好的体验。

（3）企业还可以发挥门店的配送优势。

比如，苏宁位于北京的每家门店都有类似库房的设置，顾客下单后，苏宁会选取离顾客最近的门店发货。通过这种极速达服务，顾客从下单到收到商品，只要1小时。

（三）以信息为手段挖掘顾客需求

传统商场（超市）在会员管理、单品管理上的力度比较薄弱。而在全渠道背景下，以信息技术为手段，则能够改变商场（超市）在会员和单品管理上薄弱的现状，并以此为基础进而实现挖掘顾客需求的目标。

比如，家乐福在全渠道背景下，线上和线下都有自身的发展空间，而创新和专业化则是所有业态生存和最终成功的关键。通过创新，家乐福已经将二维码技术应用到了加强食品安全上，特别是在农超对接的生鲜食品上，顾客到门店后，用手机扫一扫就能得知购买产品的源头信息。

此外，家乐福还在利用社交网络创新与顾客的沟通方式。家乐福每天会利用微博、微信发布各种各样的话题，与超过700万的粉丝去互动。

案例

天虹商场打通渠道，实现购物线上线下一体化

所谓线上线下一体化，是指传统零售商在发展实体店经营的基础上，借助移动互联网通过线上线下结合，延伸推广销售的经营模式，这也是目前百货零售业在O2O方面探索的一种新模式。

2014年9月，微信支付接口正式对外开放，天虹成为首批接入微信支付的九

家公司之一。天虹微信公众号在2013年9月上线，到2015年9月对外公布的微信会员数已经超过400万，月均交互会员数超过100万。

天虹2015年发布的财报显示，全年实现营业收入人民币173.96亿元，同比增长2.34%；净利润人民币12.08亿元，同比暴增124.44%。

如此优异的成绩，天虹是如何取得的呢？

1. 全方位、全渠道购物体验

作为顾客来说，去商场的主要目的就是血拼，因此天虹商场在购物这块可谓做到了极致，顾客除可以直接在商场购买商品外，天虹还提供了多种购物途径，比如在微信上购买商品，使用微信支付付款，然后选择去门店提货或者快递到家，还支持货到付款。比如在微信上买购物卡，然后作为礼物转发给好友，好友既可以线下兑换实体卡买东西，也可以直接在微信货到付款后直接消费。

但最牛的当数打通PC端的自建电商平台“网上天虹”，顾客可以直接在微信搜索电商平台的商品下单购买，这种既对接PC电商，又对接实体门店的整合方式堪称开创国内百货零售的先河，相当于线下在给线上导流，好处不言而喻，不少传统企业自建电商平台最缺的就是流量，而实体店却拥有大量固定的客流量，通过微信引流不仅能够增加销售额，还能培养顾客购物习惯，真正实现了全方位、全渠道购物，当然，真要实现天虹商场这样的模式前端技术好做，但后面的物流配送不易。

2. 百店归一方便顾客

和很多大型连锁企业在涉足微信时碰到的问题一样，天虹商场分布在全国各地的近70个分店怎样才能够既统一管理，又能够体现各家店的商品、服务和营销多样性呢？目前普遍现象是分店各自为政，开辟自己的公众账号，只做自己区域内的运营和推广，集团对分店账号缺乏掌控力，开发、推广、营销资源浪费严重，日常需要整合起来做一些全国性大活动时沟通成本高效率低。顾客在搜索和使用时也非常麻烦，延续性、一致性体验非常差。

为了最大限度地方便顾客，同时避免资源过于分散，方便管理，天虹商场的做法是在主账号内嵌入所有门店账号，既适应个性化的各家分店经营需求，又保证天虹在微信渠道是顾客唯一入口，在对外推广宣传上更加方便，流量更集中。而顾客只需要在其公众号里选择所在地，微信公众号里的商品内容等信息就会相应变化，如图2-9选择所在地为深圳，热门活动就都变为深圳宝安购物中心的了，并且可以进行订阅。

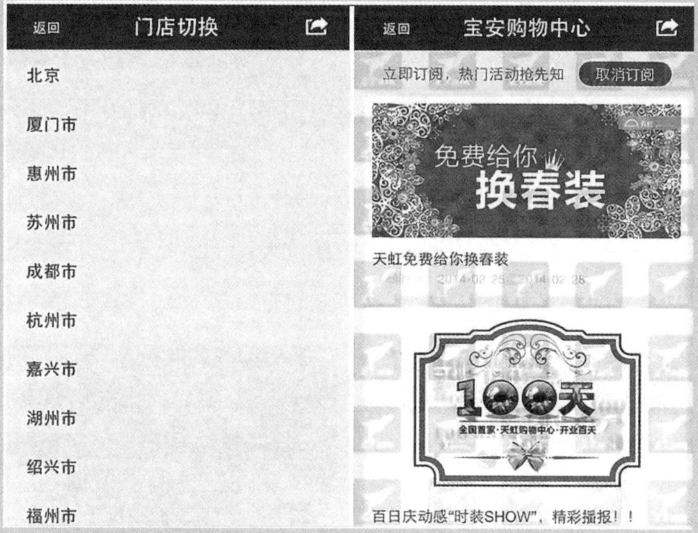

图2-9　天虹商场微信公众号里的商品内容随地域变化

3. 扫码购不仅仅是二维码

作为线上线下重要的连接枢纽，二维码肯定是受到所有做O2O模式的企业重点关注的，天虹商场学习美国第二大零售百货集团塔吉特，在线下门店选取一些公共空间和墙面做虚拟商品销售，并在每个商品旁边附上二维码，顾客可选择看中的商品并直接微信扫码购买，线下取货，也有部分商品是实体店没有销售的，这种虚拟墙销售都是按照优惠的微信价，顾客非常乐于体验，有助于消费习惯的养成。图2-10为天虹微信扫码购。

图2-10　天虹微信扫码购

除了二维码以外，天虹商场还将扫码这件事延伸到了国标码。不知道大家留意到没有，微信5.2版已经将二维码扫描和条形码扫描两个功能合并了，亦即微信在扫码这件事上无论是技术上还是对国标码产品数据支撑上都已经相当完善。天虹商场估计也是趁这个契机拿到接口，以后如果家里沐浴露用完了，只要用手机扫一扫就能通过天虹电商购买，还送货上门。

4. 品牌专柜线上直销平台

在天虹商场的微信公众号里有一个菜单项是“品牌优惠”，打开是该商场里的一些品牌logo，如图2-11所示。

图2-11　商场里的一些品牌logo

点开某个品牌就进入了该品牌的微信专柜，除专柜照片和相关引导外，还有该专柜正在进行的优惠活动，并且可以订阅该品牌，接收该品牌的最新活动信息。这具有如下好处。

（1）可以通过顾客对商场品牌订阅的情况，分析顾客兴趣，进行品牌推荐和相关推荐。

（2）商场给品牌专柜提供的服务更多元化。

（3）线下专柜可以自主发布推广活动带动线下销售，更可以直接在线上交易。

（4）最终可能带动天虹商场的电商平台发展。

移动互联网时代，手机随时随地随身，不再有PC时代“在线”的概念，任何时候商品、门店、顾客都是被连接在一起的，线下店面将不再受到物理空间的限制，即使顾客离开了门店也有机会再通过手机跟其进行沟通和触达，因此线上线下一体化，持续优化顾客体验促成销售变成了现实。在这方面，天虹商场已经探索出自己的O2O模式，走在其他同行的前面，成为百货零售业的标杆和榜样。

三、商场（超市）O2O营销的策略

电子商务的大发展对实体商场（超市）产生的影响日益明显。调查发现，近一年来，各种背靠实体商超，以社区为依托的“网上超市”集中出现。那么，商场（超市）O2O究竟应该怎么做呢？具体做法如图2-12所示。

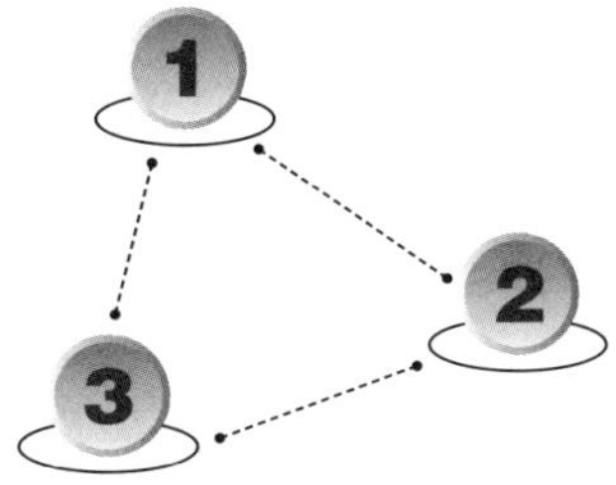

图2-12　O2O营销的具体做法

（一）兴趣商品是切入点

顾客为什么会到A商场（超市）购物，而不去B商场（超市）消费，排除距离等客观因素外，商场（超市）在顾客心目中的印象深浅，以及此商场（超市）拥有顾客兴趣商品数量对顾客抉择有很大影响。所谓兴趣商品，就是顾客最感兴趣的商品，几乎每个顾客都有自己熟悉的兴趣商品。

比如，有人只购买老坛酸菜和百家肥肠粉丝方便面，有人只购买金锣肉粒多火腿肠。

顾客逛商场（超市）时会主动寻找兴趣商品，该商品一旦进入顾客视线，立即脱颖而出。顾客对兴趣商品价格记得最熟，购买频率最高。人类天生有被认同的需求，自己喜欢的东西被认同，会产生满足感，所以从兴趣商品入手，最容易打动顾客。

O2O营销让连接的成本极低，可帮助商家了解顾客的兴趣商品是什么，帮助顾客培养更多兴趣商品，加深商场（超市）在顾客心目中的印象。

（二）针对高价值顾客提升体验

商场（超市）每期推出的DM单（邮报）上的商品价格劲爆，促销策略培养了大量只购买红价签（促销）商品的顾客，还剩部分高价值顾客对价格不敏感，红色或蓝色价签不会影响他们的购物决策，他们追求品质、体验和感觉。

对商场（超市）而言，高价值顾客比低价值顾客创造的收益更可观，但商场（超市）为他们提供完全一样的购物体验，其实并不公平，而且商场（超市）常用的营销手段如DM和积分，对高价值顾客毫无吸引力。高价值顾客愿意为额外服务支付费用，那么，能否用O2O营销来提升高价值顾客体验，留住他们，进一步挖掘其消费潜力呢？

比如，永辉超市的竞争力是生鲜，胖东来超市的竞争力是服务，大润发超市的竞争力是供应链和综合运营，充分留住和挖掘高价值顾客，也能催生超市核心竞争力。

O2O营销有助于发掘、维系、培养高价值顾客。

（三）优化超市购物体验

“80后”“90后”“00后”已成长为消费主力，相对于价格，他们更看重体验，这种趋势越来越明显，让商场（超市）不得不主动适应顾客变化。

互联网时代连接方式变了，人性需求变了，用传统思想理解管理、员工、顾客已经不合时宜。新一代顾客看重体验，喜欢用玩的心态生活、工作。商场（超市）在购物中加入“玩”的元素，才能更好地吸引新一代顾客。

四、商场（超市）O2O营销的方法

当众多的互联网企业在O2O领域的盲目跟风热潮过去，资本的狂热回归冷静时，O2O也就真正迎来一个良性的发展空间，而实体商场（超市）将在O2O上真正有发力的机会。拥有丰富的线下资源，且在线上正在逐步摸到门路的实体零售企业，就能对符合自身的O2O业务进行资源的有效整合，并通过商业模式和产品服务的双重差异化，在市场上找到立足之地。

那么，作为实体商场（超市），如何做好O2O营销呢？具体方法如图2–13所示。

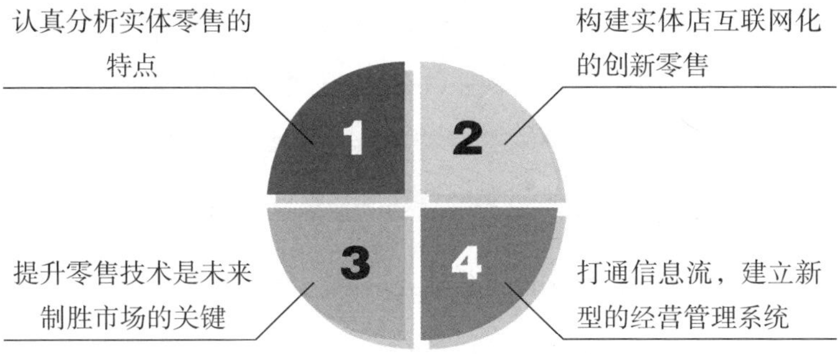

图2–13 零售企业O2O营销的方法

（一）认真分析实体零售的特点

和网络零售相比，实体商场（超市）最大的弊端如下。

（1）受营业时间、员工能力、店面位置等主客观条件所限，新客转化率和老客召回率较低，缺少粉丝经营的方法和路径。

（2）门店店长及销售人员往往并不清楚来访顾客的消费习惯，也无法获悉顾客是否为其会员或VIP。

（3）门店营销物料占用成本较高，且效果无法监测。

（4）在门店经营管理上依然很落后，采取的传统经营管理模式导致效率低下、成本高。

但实体店仍然有很多优点，尤其是实体店的体验和便利，仍然很具有吸引力。尽管各渠道的购物体验均在不断改善，但从方便性的角度看，实体店仍然占有绝对优势。

（二）构建实体店互联网化的创新零售

针对上述分析，作为商场（超市），必须“拆掉实体店的墙”，通过建立真正的O2O，打破线下实体店受营业时间、店面位置、货架空间等的限制，延伸实体店线上销售功能，让顾客享受全渠道、全天候随心购物体验，提升顾客销售转化与离店顾客的再次复购。

实体商场（超市）的互联网化，一般会经历三个不同阶段，具体如图2–14所示。

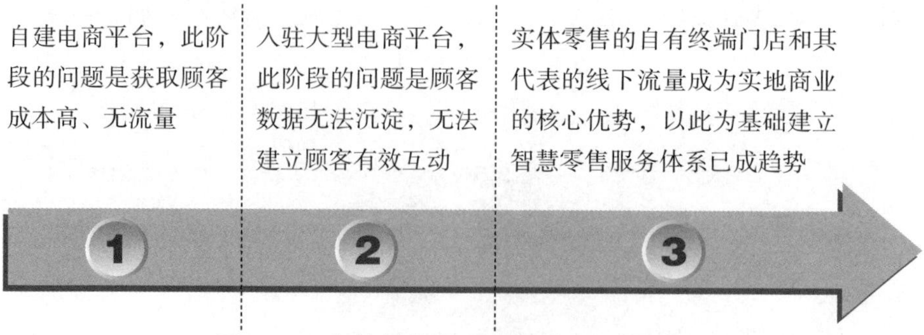

图2-14　实体零售业互联网化经历的阶段

（三）提升零售技术是未来制胜市场的关键

连锁复制的模式已经不再是重点，零售技术的提升才是未来制胜市场的关键。

比如，北京全时便利、安徽乐城超市这样的企业，正是通过零售技术的提升，用不对称的战略战术，打破了行业的固有平衡，从而获得了市场的认同。

这种技术的提升不仅仅包括支付方式、数据对接、移动互联，也包括深耕精细化、创新业态、打破原有门店模式、重塑供应链等。

比如，为了给顾客带来更好的购物体验，安徽乐城超市从国外引进世界上最为先进的智能光电感应门系统，购物车、电子标签、购物篮也是直接从国外进口，包括生鲜区也将使用电子看板，给顾客提供最有品质的购物体验。

（四）打通信息流，建立新型的经营管理系统

打通信息流的方法就是打通零售企业内部营销、商品、服务、组织协调等涉及企业所有的营销环节，打破信息屏障。

利用移动互联网工具让企业重塑业务流程，实现从总部到门店，管理者到督导、店长、导购之间的实时互动、扁平沟通，将企业和个人联系起来，使进度可视化、成本可视化，从而建立一个成本最小化、效益最大化的经营管理系统。

拓展阅读

超市做O2O的15种模式

1. 便利店送货上门

全购便利推出了便利店网购送货上门服务，实体便利店附近范围内，顾

客在网上订货，便利店最快30分钟送货上门。

便利店是满足便利购物需求的零售业态，其核心竞争力在于“便利”，全购便利需向两方面优化，一是推出App购物，二是缩小配送范围，提高配送速度。

其实PC网上购物并不便利，因为并不是每个人身边随时有打开状态的电脑，相对而言，使用手机App购物流程便利得多。

此App设计也要围绕“便利”二字，打开App就用瀑布流的方式展示商品，按高销量和个性喜好排列商品顺序，方便类目选择，精选便利商品，并且为App设计通话功能，用语音留言通话订货也许更加便利。

便利店满足便利购物需求，所以客单价不高，对应每单绝对毛利也不高，如果配送范围过大，则毛利很难支撑配送成本。笔者建议便利店做网购送货上门，缩小配送范围，加快配送速度，这样既能优化便利体验，也能降低配送成本。

2. 便利店包裹代收

连锁便利店可推出快递包裹代收服务，免费代收包裹，这样既能增加门店客流，也能增加销售额。如果向顾客收代收包裹服务费，还能增加收益。

这个服务需要注意声明不验货，不对包裹内商品质量真假负责，对提货顾客需要电话身份验证。

很多家长担心孩子不吃早餐，把早餐钱用于其他地方，那么，便利店可考虑推出早餐预订服务，学生每天早上到便利店提取当天的早餐。

总之，能解决顾客问题的商业模式才是有价值的，要多观察顾客的痛点在什么地方。

3. 便利店整合配送和服务

如果便利店推出了送货上门的App或者PC端，可考虑把此社区其他商家商品纳入App服务体系，在App展示水果、餐饮等商品，有订单后，由便利店人员到商家取货后送到顾客家中。

便利店网上平台还可邀请保洁、开锁、疏通等服务商家入驻App，有订单后商家上门服务，便利店为顾客精选靠谱商家，并且担保服务售后，根据服务质量筛选商家。用此方法打消顾客对服务商家不放心的顾虑，并从中得到返佣收益。

总之，便利店未来一定会成为社区综合入口，要用好互联网思维和互联网工具，向此方向迈进。

4. 虚拟便利店

以上3点都是围绕实体便利店而言的，但我们可换个思路，做成虚拟便利店。这个方案节省了房租水电成本，但也失去了门店销售收益。虚拟便利店的思路也可和下文提到的几种商业模式相结合。

5. 集中购物需求

便利店满足便利购物需求，大型超市满足集中购物需求。我们可在便利店基础上满足集中购物需求，建立商品齐全的网上超市，顾客订货后，集中配送到便利店，由顾客自提或者由便利店统筹送货上门，这就能用“便利店+网上超市”满足家庭集中购物需求。

送到便利店而不是送到顾客家中的原因是干线配送成本远低于最后一公里配送成本，只要单个便利店能聚众订单，则成本比传统电商低很多（仓库到便利店直接配送也省去了包装成本），低价、丰富的网上超市业态有可能聚众足够订单。

6. 生鲜业务模式

在第5点介绍的“便利店+网上超市”模式中可加入生鲜自提业务，但生鲜业务便利店不便操作，因为生鲜商品进货烦琐，必须较齐全，否则顾客很难搭配。

生鲜电商也很少有成功的例子，因为生鲜商品不标准，送货成本高，保质期短，拒收后面临耗损。

如果便利店陈列销售部分生鲜商品，顾客也能从网上预订生鲜商品，每天集中送货到便利店，就能让顾客购买到齐全且新鲜的生鲜商品。订购商品也能在门店按重量收费，如此就能解决生鲜商品标准化问题，集中配送，则配送成本低，如被拒收可直接在门店打折销售。

此模式也可改为“生鲜店+网上超市”模式。网购毕竟不能解决生鲜商品体验问题，生鲜类商品门店陈列销售，其他商品（包含生鲜）采用网购的模式，线上线下结合，网购解决门店商品不够齐全问题，门店解决网购配送成本高问题，两种业态融合能相互解决问题。

7. 垂直人群模式

针对垂直人群提供有针对性的服务是一种思路方向，比如某些企业地处偏僻，购物不便，可和企业后勤联系解决企业员工购物需求，从网上订货后在固定时间送到企业，由员工自提。或者把上文“便利店+网上超市”模式中的便利店建在办公楼，引入针对办公楼公司所需的商品和服务，最终建立办公楼购物平台。

8. 大单采购模式

中小型企业单位福利礼品采购是一个较大的市场，团购也是连锁超市重要的市场之一，连锁超市可考虑推出单位福利团购网站，推出各种商品组合，以透明价格、透明采购环节、多种可选套餐、方便简单为经营卖点。

9. 大卖场单店网购平台

前文提过为单个便利店建立网上平台做送货上门，同样，也可以为单个大卖场门店做网上平台，大卖场附近一定范围支持网购送货上门。

便利店网购平台强调“便利”，满足便利购物需求。大卖场门店的网购平台则要满足家庭一站式购物需求，商品丰富和价格实惠比便利更重要。

顾客在大卖场单店网购平台订货，附近一定范围18：00—21：00统筹送货上门。根据送货距离另收配送费用。

因为是晚上统筹集中送货，所以配送费不高，传统电商快递不能送货到户（通常在楼下自取），不能夜间送货（但顾客家里一般晚上才有人）。而超市商品油盐酱醋的性质决定不能送货到顾客单位让其自提回家，所以夜间送货到户最方便顾客。

10. 线上线下结合的送货方式

网购体系也能为线下卖场服务，在大卖场购物的最大麻烦是搬运商品回家，因此大卖场购物可提供送货上门服务，顾客在大卖场购物，在服务台办理送货手续，订单和第9点中提到的网购平台订单一起在夜间送货到户。网购体系为实体门店购物顾客提供增值服务。

11. 创业合伙人模式

第9点中提到的大卖场门店网购平台可加入创业合伙人模式，在卖场门店覆盖不到的密集住宅小区招募创业合伙人，合伙人负责网购平台在此社区的推广、配送、售后。只要此社区有新顾客，再奖励合伙人每个新顾客20

元推广费（按每月净增量计算）。每天把此社区订购商品集中送货到合伙人处，合伙人负责统筹送货到户，每单收取2元配送费。

只要合伙人每天在此社区平均聚众30个订单，则能达到每天工作3小时，每月收入2000元的目标。合伙人等于在社区零成本创业，所发展的顾客能为自己带来持续收益，故能提供灵活完美的服务。

12. 大卖场App模式

为大卖场开发App应用程序，作用可有以下几点：移动购物、去卖场前看是否有所需商品、查找所需商品所在货架位置、代替会员卡积分换购、顾客支付工具、顾客购物记录工具、推荐活动通知渠道、顾客购物时根据商品价签上的二维码了解商品更多信息（包含其他顾客的评论等）。

13. 全员营销模式

大卖场网购平台用户名和App会员卡绑定，平台推出推荐人功能，大卖场工作人员负责发展亲朋好友注册并把自己设定为推荐人，全员下达任务，根据自己和自己推荐引入顾客每月购物金额奖惩。

超市商品人人需要，传统卖场模式无法引入推荐人统计销量数据，结合网购平台就能实施全员营销计划。

14. 直销模式

传统雅芳、安利是直销的代表，因为运营成本、人员、培训等成本高，所以安利等品牌商品价格高，毛利高。

互联网做直销推广成本较低，比如可以在自己的微博、微信上做营销，在QQ空间、QQ签名、名片上推广直销商品。特别是收入不高但接触面广的顾客，可用互联网工具兼职做直销推广。

此模式为互联网兼职直销人解决供应链、销售平台、配送和售后问题，互联网直销人员只负责在自己的人际关系中营销即可。建立购物网站，此购物网站不能开放注册，要注册必须填入推荐人注册码。这样推荐人和被推荐人就能绑定，被推荐人的购物毛利按一定比例返佣给推荐人。

这个模式和安利等直销网站的不同之处在于低成本直销，所以毛利要求低，可用市场价格销售普通商品，不洗脑，不骗人，把网站本身应该付出的推广成本付给直销人。

15. 商品粉丝模式

对大卖场而言，引入网购平台、引入App会员卡利于商品结构优化和个性推荐。

大卖场在商品丰富和实惠上无法和淘宝天猫竞争，但能根据当地情况做到商品结构更加符合本地需求。由于传统卖场的大部分顾客拒绝使用积分卡，无法跟踪顾客消费数据，所以很难做商品优化。

引入App和网购平台后，获取顾客数据更多、更易（特别是高端顾客），可增加商品粉丝功能，跟踪哪类人喜欢哪类商品，根据商品维度优化商品库存和盈利，根据顾客喜好推荐商品，当顾客关注的商品有活动时通知顾客。

这15种商场（超市）电商模式的点子并非独立的，它们之间可相互结合成新的商业模式。

五、商场（超市）O2O营销中的产品策略

有的商场（超市）O2O营销中线上线下分别销售不同种类、品牌、档次的产品，如果双线营销中的产品策略失误，不仅会增加成本，还可能引发渠道冲突，损害企业形象，造成顾客的流失。

（一）O2O 营销中的产品策略类别

1. 双线产品同质化策略

双线产品同质化策略是指商场（超市）在线上和线下销售的产品在品牌、种类、质量、档次等方面具有一致性。实施该策略主要是基于以下考虑。

（1）线上线下品牌、品质一致更有利于发挥零售品牌优势，增强顾客信任。

开展O2O的商场（超市）往往线上业绩欠佳，主要是因为顾客缺乏对线上产品的信任，而线上线下在品牌、品质上保持一致将使顾客对传统零售品牌的信任成功地移至线上，促进线上业务的发展。

顾客亲自体验过线下实体店展示的商品，对其有更深入的了解，且线下商场（超市）长期经营某些供应商品牌的商品，与一些供应商保持了稳定、紧密的联系，这些产品的品质一直是让顾客可以放心的。当商场（超市）开展线上业务，将线下商品搬到线上后，顾客对线下品牌的信任会自然延续到线上。但如果零售

企业在线上销售更多新的品牌，则顾客对线下品牌建立的信任通常并不会转移到线上新接触的品牌上，顾客在线上仍倾向于购买自己较为熟悉的品牌。因而商场（超市）在线上销售的新品牌往往销售效果不太理想。

线上线下产品品质是否一致也是影响顾客信任的重要因素。如果商场（超市）线下销售高品质的商品，而线上商品品质较低，那么顾客会逐渐失去对线上渠道的信任，购买行为转为向线下迁移。

（2）成本的经济性。

如果商场（超市）的顾客对商品的需求并无明显差异，只是在购物习惯上有所不同，有的习惯在实体店购物，追求购物的环境与服务；有的则习惯在网上购物，重视购物的便利性。在这种情况下，通过线上线下两种渠道销售同样的商品组合，能够在供应商的交易成本、物流配送成本、商品的宣传推广成本等方面获得经济性。同样的商品能以更低的成本带来销量的增长，又能进一步产生规模经济效益，使商场（超市）在价格上更具有竞争力。

2. 双线产品差异化策略

双线产品差异化策略是指商场（超市）线上和线下渠道相互独立，分别销售不同的产品组合。之所以实施该策略，主要原因如图2-15所示。

不同渠道的顾客需求存在差异	不同渠道成本的差异性	减少渠道冲突
许多商场（超市）的线上与线下顾客有不同的需求，不仅购物习惯存在差异性，对产品的需求也有所不同。如线上购买的顾客多为年轻人，他们对时尚、个性化产品有更多需求，注重性价比及购物的便利性，而中老年顾客则倾向于购买成熟品牌的传统商品，注重购物体验及购买环境，风险意识较强。因此，线上线下针对不同的顾客提供不同的产品能更好地迎合顾客需求，提高顾客满意度	线上产品展示成本较低且无库存限制，因此一些商场（超市）在线上重点销售中高档商品、进口商品以节约成本，同时满足少数顾客对这类产品的需求，这样有利于提高商场（超市）的市场渗透率，而线下销售传统品牌的商品以满足原有顾客的需求。也有的商场（超市）利用线上渠道的低成本优势，在网络销售渠道主打低价特惠商品，吸引对价格敏感的顾客	如果线上线下销售同样的产品，则由于线上成本更低、购买更方便，很容易对线下产品销售带来冲击，影响线下渠道商的经营效益及积极性。而双线产品差异化策略可防止顾客对不同渠道的商品进行比价，通过市场区隔有效地避免了渠道冲突

图2-15　实施双线产品差异化策略的原因

（二）双线产品分配的影响因素

目前，在双线完全实施同质化或差异化策略的企业较少，商场（超市）决策的关键在于同质化程度更高还是差异化程度更高，在线上线下如何进行产品的合理分配，主要影响因素如表2-1所示。

表2-1　双线产品分配的影响因素

序号	因素	说明
1	产品本身的特点	标准化程度高、配送方便、非即时需求且不需要现场体验的产品可以选择在线上销售。相反，则应以线下销售为主。例如，由于冷链物流的发展滞后，生鲜蔬菜、鲜活鱼禽类商品仍以传统线下销售为主
2	企业的战略目标	如果商场（超市）发展线上业务只是为了作为线下的补充，通过增加渠道以带动市场的扩大、整体销售的增长，那么往往其双线产品同质化程度较高。而商场（超市）如果希望线上能发展成一块独立盈利的业务，借助电子商务进入新的市场领域，则应实施产品差异化策略
3	顾客的需求情况	如果商场（超市）的目标顾客更追求便利性，而对价格不太敏感，可以在线上销售高档、进口商品以满足其需求，而顾客如果更重视价格及购物的便利性，则线上可增加折扣特惠商品的销售。如果顾客风险意识较强，对产品品质、服务要求较高，则这类顾客所需的商品更多应在线下销售。例如婴儿奶粉、辅食，尽管网上销售较多，但顾客由于对线上商品的品质存在顾虑，除海外代购外，更多仍倾向于到实体店购买
4	成本与价值的比较	在实体店销售的商品需要房租、水电费、保管费、较高的人力成本，而网上销售的成本较低。如果商品在实体店进行展示能够带来溢价，更能刺激顾客的购买欲望，促进销售量的增加，那么应当保持实体店的展示销售。而如果在实体店展示因为折旧越来越大、成本逐期增加或因大量分散存放等原因造成周转滞销，则这些商品在实体店展示的数量要减少，或不再进行线下展示而转移至线上

（三）商场（超市）O2O 产品营销策略实施注意事项

商场（超市）发展O2O主要是为了使双线互相促进、协同发展，使商场（超市）整体经济效益得到提升，为了更好地达到这个目的，在实施双线产品策略时应注意如图2-16所示事项。

事项一　线上线下业务应有一定的共享资源

如共享物流配送系统、共享售后服务体系、共享品牌声誉、共享稳定的供应商关系等。如果双线营销的品类差别太大，例如线下卖家电而线上卖食品，则资源共享困难，经营成功难度较大

事项二　应注重商品特色，加大自营及自主品牌发展力度

在O2O模式下，顾客可更方便地对不同企业之间的商品进行比较，商场（超市）通过区域优势能吸引部分忠实顾客，而越来越多的商场（超市）开展线上业务后，这种优势会被众多线上竞争者冲淡，如果在商品上缺乏特色，对生产者品牌的商品又不能有效管控，则锁定顾客的能力会逐渐下降

事项三　加大线上产品的宣传力度，注意双线宣传的一致性

线上产品销售效果不佳的重要原因是顾客对其不了解或缺乏信任，因此商场（超市）应加大线上产品的宣传力度，通过线下渠道进行线上业务的宣传，借助各种新兴及传统媒体工具将更多的顾客吸引到线上购买。同时，不同渠道的产品宣传应协调一致，如果同样的产品在不同渠道的介绍、描述不同，顾客会降低渠道间的协同感知，影响对商品的信任度

图2-16　商场（超市）O2O产品营销策略实施注意事项

第三章　商场（超市）微博营销

·章前导引·

由于微博营销具有传播广泛、定位精准和传播实时等特性，因此在新媒体时代已经成为电子商务中新颖、独特的营销模式，是新媒体时代的有效营销手段之一。

第一节　微博营销概述

一、微博的含义及特征

（一）什么是微博

微博即微博客的简称，是一个基于用户关系的信息分享、传播以及获取平台，用户可以通过WEB、WAP以及各种客户端组建个人社区，以140字左右的文字更新信息，并实现即时分享。2009年8月，中国最大的门户网站新浪网推出“新浪微博”内测版，成为门户网站中第一家提供微博服务的网站，微博正式进入中文上网主流人群的视野。

（二）微博的特征

（1）微博是一种通过关注机制分享简短内容的广播式的社交网络平台，内容简短，在140字内。微博营销的核心是与感兴趣的人交流互动与分享经验，并在互动中宣传自己的品牌，如分享照片、爱好、趣事、感动等。

（2）让用户参与推广，给予优惠。

（3）微博营造的是一种生活格调。

（4）广播式传播，开放式群聊。

（5）平等式交流，即时式搜索。

（6）开放式平台。微博可以跟游戏、文学等形态无缝结合，同时，还可以实现各个微博平台的同步。比如你在20个微博平台上都有账号，只需将这20个账号与一个账号绑定，就可以实现被绑定账号发微博其他20个账号同步的功能。

拓展阅读

微博的账号注册

1. 平台选择

目前，我国典型的门户网站有新浪、腾讯、搜狐、网易等。不同平台的用户，关注各微博平台的板块有所不同，与之对应的推广策略也不相同。比如新浪微博粉丝都是有消费能力的群体，以白领人群居多，用户主要关注状态更新。

2. 如何注册账号

对个人用户而言，如果有足够的时间和精力，可以注册一个或多个“马甲”微博账号。因为一个人有多方面的兴趣爱好，可以将不同兴趣爱好的朋友放在不同账号下，以避免对粉丝产生垃圾信息干扰。

如果企业用户规模比较大，部门比较多，可以部门为名多注册几个实名认证的微博账号。当然，在不干扰你的粉丝的前提下，不同的账号之间可以互相“合作”——正如CCAV1可以发布CCAV2的某个活动通知。企业活动中出现数十个微博账号养一个大号的情况，自己回复自己、自己顶自己等都是常用的手法。

微博矩阵比较适合大企业，比如苏宁电器就有成都苏宁、武汉苏宁、北京苏宁等，再加上主号苏宁电器，还有苏宁员工微博，其矩阵效应是非常强大的。而小公司做微博矩阵有点儿难，本身产品单一，人员有限，建议还是集中精力做好一个微博。

3. 账号名称

微博名称要和所呈现的主题有关，或者说微博所发送的内容要和名称相关。微博名称要简单易记，以6个字内为佳，名字要与主题和内容相关联。

4. 背景图

微博提供了多套背景模板，但如果想突出个性化也可以自己重置背景图。

5. 标签和个人介绍

准确、合理的标签以及一段个性化的个人简介可以吸引志同道合的粉丝关注。当然，在提取标签及撰写个人简介的时候要和微博内容相关联。

对于个人来说，要尽可能上传真实的头像，资料设置要尽可能完善。标签设置一般为：2个兴趣爱好+2个行业内容+1个个性化标签；企业微博要简单明了地展现出企业简介、产品信息和竞争优势等能让客户信服的元素。

6. 账号要进行认证

获得认证的好处是：增加信任，微博信息可被外部搜索引擎收录。

二、微博营销的定义及益处

（一）微博营销的定义

微博营销是以微博作为平台，利用微博各方面的传播及代言（名人博客）价值进行的营销活动。

（二）微博营销的益处

微博的出现丰富了企业网络营销的手段，帮助企业赢得陌生人的口碑。它使用起来更加简单，用户所付出的单位成本、精力投入都更少，写作门槛更低，用户扩展更为迅速，传播速度更快，关注的人更多，时效性更强。

微博上有许多信息是在传统媒体上看不到的，而公众对公共话题天生有一种关注心态。在微博上，企业和客户之间不再是单纯的买卖关系，微博用好了，就能在用户中培养出超越买卖的情感关系，构建与用户沟通的渠道和平台。微博可以说是一个零成本的企业对外平台，对企业来说，微博营销具有如图3-1所示的作用。

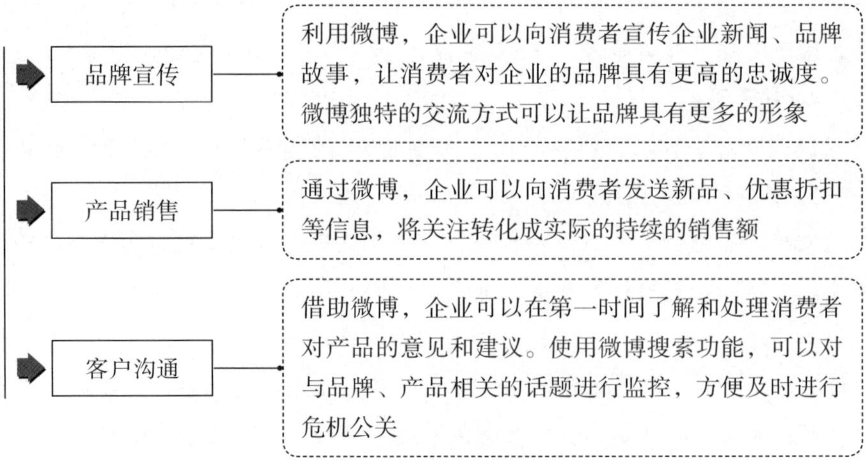

图3-1　微博营销的作用

第二节　商场（超市）微博营销要点

一、微博营销准备工作

（一）规划你的微博营销

首先要对微博营销有一个大概的规划，如微博发布哪些内容、由谁负责更新等。寻找灵感最简单的方法就是学习其他商场（超市）的微博是如何运营的。

（二）注册专属企业微博

我们以新浪微博为例来说明。登录新浪微博首页，按照提示一步一步注册微博账号，建议商场（超市）使用品牌名称作为微博昵称。注册完成后，补充商场（超市）的资料，如把品牌logo作为微博头像，在个人介绍里面填写品牌介绍，等等。尽量申请新浪微博的“身份认证”，这样商场（超市）的微博会获得更多的信任和关注。

（三）寻找你的消费者，建立你的粉丝群

微博营销非常好，但由于它是分众的，所以，当商场（超市）在微博上建立自己的账号时会发现，如果没有人关注商场（超市）的账号，那么你就是孤家寡

人，无法实现任何营销目的。因此，微博注册好之后，商场（超市）首先要解决的问题是建立粉丝群。建立粉丝群的方法如图3-2所示。

① 投放广告与搜索工具	想要让更多人关注你，你要首先学会主动出击。一是通过微博的搜索功能（例如你是一家化妆品企业，你可以搜索“祛斑”“美白”等关键词）来寻找你的潜在客户；二是在一些门户类网站、百度推广等平台发布企业微博的广告，增加普通网民的关注度；三是邀请企业内部员工、客户、潜在用户，使用指定的链接注册之后会自动关注企业微博。在短时间内增加企业微博的大量粉丝，当关注用户增多之后，就有可能在微博平台的首页曝光，以吸引更多的用户关注
② 开展有奖活动	提供免费奖品是一种推广手段，很多人喜欢这种方式，你可以在短期内获得一定的用户
③ 特价或打折信息	提供限时内的商品打折活动也是一种有效的推广方法，例如快捷宾馆的企业微博，可以定期发布一些特价房信息，顾客能以低廉的折扣价入住，可以带来不错的传播效果
④ 情感营销	利用微博进行售后服务，获得粉丝并增进彼此间情感，提高用户忠实度。以前企业售后服务是一对一，现在可以通过微博进行一对多的沟通来解决问题，赢得更多粉丝的关注
⑤ 帮助用户解决问题	这是赢得企业粉丝的重要方式。当然这需要持续地投入，真正把用户当成朋友，赢得其信赖和好感

图3-2 建立粉丝群的方法

二、微博营销活动策划

（一）活动的主要目的

在中国的特定社会环境下，“扎堆”“围观”是客观实际，所以微博在没有进入更高阶段的营销进化之前，活动依然是现在微博营销的一大利器。

对商场（超市）微博来说，如果内容建设是留人，那么活动的主要目的就是拉人，商场（超市）做微博活动要么就是吸引新粉丝，要么就是增强粉丝互动，增加活性，宣传品牌。特别是在商场（超市）微博粉丝增长期，活动更是吸引粉丝最行之有效的法宝。

（二）微博营销活动策划简要流程

对于商场（超市）开展营销活动来说，设置合理的营销目标，然后进行不同话题的时效性和趣味性等可参与指标的初步确定，把主题按照商场（超市）的产品或者服务的主要特质和特征相结合，提炼出若干个小话题，通过不断关注分析的参与情况进行控制，最终实现优质粉丝的沉淀，实现活动预设目标。其重点在于：话题引入讲究循序渐进，逐渐由宣传大众话题，过渡到具有一定专业或者产品知识的深度话题。一味强调低门槛是错误的，逐渐提高门槛，可以有效发现优质的用户，在奖项设置上也可以逐渐提高，沉淀真正的潜在用户群体。

（三）微博营销活动常规方法和手段

微博营销活动常规方法和手段如图3-3所示。

1. 有奖转发：有奖转发是目前采用最多的活动形式，只要粉丝通过转发、评论或@好友就有机会中奖，几乎不用花费太多的气力。有奖转发现在运用得较多，众多营销者也相应提高了中奖门槛，比如除转发外，还需要评论或@好友达到一定数量甚至更多

2. 有奖征集：有奖征集就是通过征集某一问题的解决方法吸引用户参与，常见的有奖征集主题有广告语、段子、祝福语、创意点子，等等。调动用户兴趣来参与，并通过获得奖品吸引用户参与

3. 有奖竞猜：有奖竞猜是揭晓谜底或答案，最后抽奖。其中包括猜图，还有猜文字、猜结果、猜价格等方式。这种活动方式的互动性比较好，而且随着趣味性的增加，在促进粉丝自动转发的效果上有很好的体现

4. 有奖调查：有奖调查目前应用得也不多，主要用于收集用户的反馈意见，一般不是直接以宣传或销售为目的。要求粉丝回答问题，并转发和回复微博后就可以有机会参与抽奖

图3-3　微博营销活动常规方法和手段

（四）微博营销活动操控的关键

微博营销活动操控要注意图3-4所示的几个关键点。

关键点一　规则应该清晰、简单

通常情况下，为了更清晰地描述活动规则，官方微博活动规则往往过于复杂，在阅读上需要消耗访客的更多精力。而要想使活动取得最大的效果，一定不要为难参加微博活动的用户去读长长的一段介绍文字，描述要尽可能简单。活动规则简单才能吸引更多的用户参与，最大限度地提高品牌曝光率。因此，活动官方规则介绍文字应控制在100字以内，并配以活动介绍插图

关键点二　把握并激发参与欲望

你只有满足用户的某项需求，激发他们内心深处的欲望，用户才会积极踊跃地参加你的活动。激发用户欲望最好的方式就是微博活动的奖励机制，其中包括一次性奖励和阶段性奖励。所以官方微博活动奖品的选择很讲究，一是要有新意，二是要有吸引力，三是成本不能太高。如果微博活动奖品是印有官方logo的纪念品之类的也很有趣

关键点三　控制并拓展传播渠道

微博活动初期是最关键的，如果没有足够的人参与，很难形成病毒式营销效应。可以通过内部和外部渠道两种方式解决，内部渠道就是初期要求自己公司的所有员工参加活动，并且邀请自己的亲朋好友参加。只有初期积累了一定的参加人数，才会形成马太效应。外部渠道就是一定要主动去联系那些有影响力的微博账号，可以灵活掌握合作和激励的形式

关键点四　沉淀观众和后续传播

粉丝活动在文案策划的起始阶段就要考虑到如何沉淀优质微博传播的问题，鼓励相互转发并直接提供外延的扩展激励。另外，通过关联话题引入新的激发点，利用用户自身的人际圈来增加品牌的曝光率，促进后续的多次传播

图3-4　微博营销活动操控的关键

【实战范本】广州××商场微博推广方案

广州××商场微博推广方案

一、平台的选择：新浪微博

1. 规模：新浪微博月活跃用户数约5亿（截至2020年6月），是全中国当前最主流、最火爆、最具人气的微博。用一句话随时随地记录生活，随时随地分享新鲜事。用最迅猛的速度发现最热、最火、最酷、最新的资讯。其强大的应用平台和广阔的用户群与我微博营销诉求一致。

2. 定位：新浪微博是一款为大众提供娱乐休闲生活服务的信息分享和交流平台，涵盖最全面的娱乐明星与资讯；反映网民现实生活的点点滴滴；分享发现人们身边的奇闻趣事，其整体定位和用户诉求与我广场提供的产品和服务相符。

二、微博名称："××商场"

微博名称是一张企业名片，对企业微博来说，一般以官方名称为准。"××商场"这一称谓具有最广泛的知名度，消费者看到这个名字就能很直观地和现实中的××商场联系起来。同时使用这一称谓能涵盖区域的所有广场，发布所有广场的信息，具有统一宣传、统一口径的效果。（另外：微博营销中的排名算法是按昵称的关键词来进行排序，××商场在关键词中具有较高知名度。）

三、微博定位：时尚、新奇、真实、快捷

××商场微博定位为"时尚、新奇、真实、快捷"，是基于××商场"时尚秀场""天天都是星期天"的经营定位，同时结合微博传播的特点和微博达人的行为习惯，用最快的速度传播××商场企业新闻、产品和文化信息。

四、微博内容建设

微博的内容建设主要包含发布和交流两部分内容。需做到特色鲜明、发布门槛低（140个字）、实时性强、个性色彩浓厚、交互便捷等微博特色，形成良好的营销传播模式。

1."时尚秀场"

内容：发布××商场最新车展、房展、数码展、美食展、化妆品展、明星见面会、影片首印式、选秀、庆典等活动预告信息、筹备情况、现场活动情况等内容，密切与关注人群互动，每小时回复一次微博评论。

2."奇趣××商场"

内容：发布××商场趣闻、故事。以图文形式与关注人群互动，每小时回复一次微博评论。

3. “乐购天地”

内容：发布××商场新品上市预告、最新商品促销信息、商品秒杀、新商户动态、促销活动能够现场写真等信息，密切与关注人群互动，每小时回复一次微博评论。

4. “职来职往”

内容：发布××商场招聘信息，提供零距离交流平台让求职者与人力资源部在线交流、问答。以此另类的营销方式吸引更多人关注。

五、推广方案

有了更新内容，就需要更好地对外推广，如果没有粉丝，那么再好的内容也无法得到有效的传播。粉丝参与度决定了微博粉丝对品牌的体验程度，同时它还对品牌活动的效果产生直接的影响。如何能拥有大批的粉丝和海量的关注呢？笔者认为这是给足对方“理由”的过程。

因此，我们的微博推广思路应该如下。

（1）丰富自己的内容，给足网友关注我们的“理由”。

（2）发动内部渠道获得一批可控粉丝，再由这些粉丝裂变赚取第一批粉丝群。

（3）在拥有一定数量的粉丝和关注度之后，依然坚定地给足网友关注我们的“理由”，通过策划的不同微博主题活动（明星、促销、奇闻趣事、人才招聘等），与不同诉求的粉丝保持高互动、高活跃，以保证商场微博的“长治久安”。

六、推广活动

1. ××微博联盟：（20××年8月—9月）

目标：3000个粉丝。

内容：××商场微博的推广和大多数企业微博的推广一样，都会遭遇前期没有关注、没有粉丝的尴尬局面。针对这一情况，首先从内部资源发掘。建立以××商场商管公司为首的微博联盟，前期一个月倡议并帮助广场主力店及步行以商户建立各自的企业微博并将其进行整合，建立互访及互加关注机制。此举目的在于通过开发内部资源赢得更多的微博盟友、获得更多与某广场息息相关的微博信息，在前期微博运营的试水阶段多出上百个可利用微博运营人员，以实现微博粉丝初步裂变。

2. 员工微博、全民皆兵：（20××年8月—9月）

目标：1000个粉丝。

内容：与上一项思路一样，通过倡议和点对点帮助，号召全体员工开通微博，并与广场官方微博建立关注。通过加微博有奖励或评优优先等方式增加员工参与积极性。

3. 异业联盟、合纵连横：（20××年10月—11月）

目标：1000个粉丝。

内容：在拥有相当数量粉丝的基础上，我们依条件开展跨行业异业联盟合作。通过与外部企业展开互访和添加关注，对其消费者和粉丝开展专项活动，共享其粉丝资源。

4. 明星风暴、完美演绎：（自20××年8月起持续开展）

内容：与明星微博建立关注，特别是光临过广场及潜在光临广场的明星。通过微博发表广场对其粉丝开展的活动。如进入周杰伦微博发帖："××商场想为广州周杰伦的粉丝做点什么，谁来提点好主意？奖励是……"

5. 电子商务、立体营销：（自20××年8月起持续开展）

内容：引进最新一代电子商务屏，即"微博广告屏"放置卖场当中。该屏能同步联网直播××商场微博消息，有效刺激消费者在活动现场拿起手机发微博。同时该屏幕还能联动线上线下开展微博抽奖等互动活动，对增加微博关注度意义重大。

6. 不可抵御的诱惑"1元秒杀"：（20××年10月—12月）

目标：2000个粉丝。

宣传重点：商品促销、特价秒杀。

内容：按计划经过前一阶段的发掘，商场微博大约有4000名粉丝，其中400名较为活跃，商场已经具备了开展活动的基础人气。10月正值新装上市及国庆长假，我们可以利用这一阶段每天组织1个商户，每天10个1元秒杀商品进行大力度推广。借此活动扩大微博知名度，同时让活跃粉丝尝到实实在在的甜头，增加其忠诚度。

7. 广告宣传：（自20××年8月起持续开展）

目标：2000个粉丝。

内容：将商场微博地址作为一个常态宣传信息，在商场广宣及其他任何形式的媒体宣传上附带其信息，达到长期宣传效果。

七、微博运营

（1）企业微博的运营是长期的，可以采用多个企业员工共同维护一个主账号的形式进行运营。

（2）对于重点推广的文章，一定要填写详细的摘要，然后添加文章的短链接地址。

（3）由专人进行微博维护，及时解答网友疑问，提高顾客满意度。

三、微博营销互动与沟通

（一）信息发布

能否发布恰当的信息是微博营销的关键，所以我们要掌握一定的技巧，比如不要发布单纯的企业新闻及广告。信息发布要点如图3-5所示。

和你的产品有关的常识

如果你是一家销售胃药的企业，你可以发一些护胃养胃的健康小贴士，每条微博使用产品的照片

消费者的使用感受

定期选择一些有价值的顾客对你产品的感受发到微博上，可以引起潜在消费者的兴趣

优惠信息和活动

为了增加微博粉丝的数量和活跃度，可以搞一些优惠活动，比如新品免费试用、产品购买优惠折扣等

要适当控制发布频率，让企业微博每天能有10条左右的更新

不要使用自动更新的方式，而是人为选择一些让消费者感兴趣的话题进行更新。为了增加个性特色，可以选择一个有个性的头像

图3-5 信息发布要点

（二）反馈和交流

微博的魅力在于互动性，所以一定要及时回复消费者的意见和建议，对于消

费者提出的问题，在了解详情后，及时给予解答。

四、微博营销的技巧

在微博营销实际应用过程中，在遵循基本法则的基础上，再加入一些技巧性的东西，可以让微博营销更快捷高效。商场（超市）可采取如图3-6所示的技巧，做好微博营销。

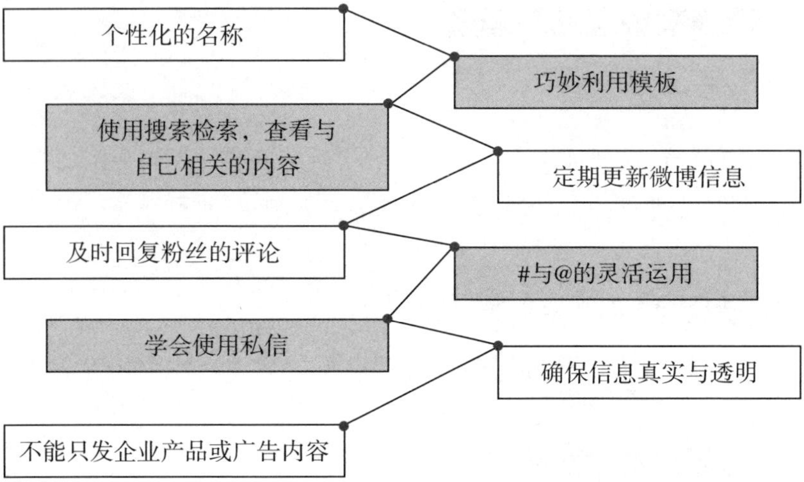

图3-6　微博营销的技巧

（一）个性化的名称

一个好的微博名称不仅便于用户记忆，也可以获得不错的搜索流量。这个和个人站长取网站名称类似，好的网站名称如百度、淘宝、新浪等都是很简洁易记的。当然，如果企业建立微博，准备在微博上进行营销，就像华润万家，就可以以“华润万家”来做微博的用户名称，如图3-7所示。

图3-7　华润万家的微博截图一

（二）巧妙利用模板

一般的微博平台都会给用户提供一些模板，商场（超市）会选择与行业特色相符合的风格，这样更贴合微博的内容。当然，如果商场（超市）自己设计一套有自己特色的模板风格也是不错的选择。

（三）使用搜索检索，查看与自己相关的内容

每个微博平台都会有自己的搜索功能，商场（超市）可以利用该功能对自己已经发布的话题进行搜索，查看一下相关内容的排行榜，与别人的微博内容作对比。从中可以看到微博的评论数量、转发次数，以及关键词的提到次数，这样可以了解微博带来的营销效果。

（四）定期更新微博信息

微博平台一般不会限制信息发布的频率，但对于营销来说，微博的热度与关注度来自微博的可持续话题，商场（超市）要不断制造新的话题，发布与商场（超市）相关的信息，这样才能吸引目标客户的关注。刚发的信息可能很快被后面的信息覆盖，要想长期吸引客户注意，必须对微博定期更新，这样才能保证微博的可持续发展。当然，长期更新好、新颖的话题，还可能被网友转发或评论。如图3-8所示。

图3-8　华润万家的微博截图二

（五）及时回复粉丝的评论

商场（超市）要积极查看并回复微博上粉丝的评论，被关注的同时也去关注粉丝的动态。既然是互动，那就得相互动起来，有来才会有往。如果商场（超市）想获得更多的评论，就要用积极的态度去对待评论，回复评论也是对粉丝的一种尊重。如图 3-9所示。

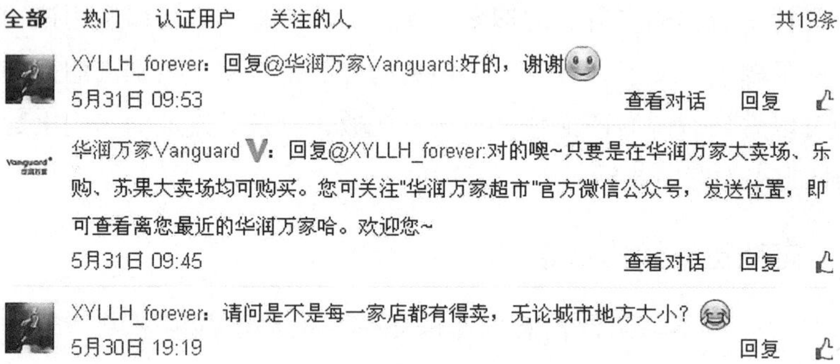

图3-9　华润万家的微博截图三

（六）# 与 @ 的灵活运用

在微博中发布内容时，两个“#”间的文字是与话题相关的内容，我们可以在后面加上自己的见解。如果要引入某个活跃用户，可以使用“@”符号，意思是“向某人说”。

比如，“@苏宁易购欢迎您的参与”。在微博菜单中点击“@我的”，也能查看提到自己的话题。

（七）学会使用私信

与微博的文字限制相比，私信可以容纳更多的文字，只要对方是你的粉丝，你就可以通过发私信的方式将更多内容通知对方。因为私信可以保护收信人和发信人的隐私，所以当活动展开时，发私信的方法会显得更尊重粉丝。

（八）确保信息真实与透明

商场（超市）搞一些优惠活动、促销活动时，当以商场（超市）的形式发布，要即时兑现，并公开得奖情况，获得粉丝的信任。微博上发布的信息要与网站上一致，并在微博上及时对活动进行跟踪报道。确保活动的持续开展，以吸引更多客户的加入。

（九）不能只发企业产品或广告内容

有的微博很直接，天天发布大量产品信息或广告宣传等内容，基本没有自己的特色。这种微博虽然能让别人知道你是做什么的，但是绝不会加以关注，微博不是单纯的广告平台，微博的意义在于信息分享，没兴趣是不会产生互动的。

案例

苏宁易购的微博营销战略

苏宁易购是新兴的B2C综合网上购物平台，符合现代商务发展的前进方向，而微博营销的诞生则给苏宁易购提供了巨大的发展机会。苏宁易购竭力利用微博营销来拓展自身销售业务，并进一步扩大企业的规模，从而实现企业的最终目标。

1. 精确企业市场定位与战略目标

苏宁易购是一个综合性的B2C电子商务平台，涉及家电、3C、百货等多个领域，并注重将虚拟经济与实体经济相结合。苏宁易购的战略目标是计划用三年让苏宁易购拥有超过20%的中国家电网购市场份额。到2020年，苏宁易购计划实现3000亿元的销售规模，从而成为国内B2C领域最杰出的服务品牌之一。

2. 深化企业微博营销战略目标

（1）借助微博平台，进行品牌推广。

微博营销的魅力就在于让企业和目标消费者建立联系。这种联系是以消费者对企业品牌核心价值的深刻理解为基础的，它如同一座触动心扉的桥梁，将企业和目标消费紧密地联系起来，从而拉近双方的距离。最终，企业优秀的品牌形象就会被用户认同。但是，如果企业没有把握好战略目标，一旦启动微博营销项目后，企业会立即陷入“为微博营销而微博营销”的恶性循环。此外，强大的网络浪潮也会将企业的品牌形象瞬间淹没。

（2）立足企业品牌核心价值，塑造优秀企业形象，传递“阳光易购”理念。

苏宁易购竭力喊出“苏宁易购阳光易购行”的口号，以打造最优秀的B2C网站服务品牌为目标。其市场目标以青年消费者为主。由于青年消费者有相对稳定的收入，并且青年消费者的购买欲望较为强烈，因此，苏宁易购极为重视对青年消费群体的开拓，并竭力将潜在的青年顾客转变为现实的消费者，从而进一步扩大企业的消费人群。

（3）运用微电影和移动商务进行营销宣传，强化微博营销效果。

苏宁易购的微博官网上陈列着一些微电影以及广告视频。企业通过微电影将其要表达的理念与思想渗透到情节里，这既能让消费者感到新奇，也能通过故事的讲述以一种新的宣传方式把产品凸显出来，从而让顾客产生强烈的购买欲望。此外，利用手机App等移动商务软件，将苏宁易购的产品或促销信息与“新鲜事”相结合，简洁而又有吸引力。由于微电影和移动电子商务具有宣传成本低、传播效果明显、话题创作自由以及互动性强等特点，被苏宁易购广泛使用。

第四章 商场（超市）微信营销

·章前导引·

微信营销是随着微信的火热而兴起的一种网络营销方式。其本质是移动互联网营销，当智能手机已经变成生活中不可或缺的工具，用户的大部分时间被手机占据时，商场（超市）的营销战场必须转移到手机上来，因为用户在哪里，广告就应该在哪里。

第一节 微信营销概述

一、什么是微信营销

微信营销是一种新的网络营销方式，即企业通过利用微信公众平台开通官方微信账号并获得认证，然后在此平台上对企业的产品、品牌以及企业文化进行推广，同时也可以很方便地与顾客进行交流，最终实现以低成本获得高营销回报的过程。

二、微信营销的特点

微信营销属于网络营销范畴，其特点如图4-1所示。

1. **直观性**：直观性是指其发布的信息中附带着图片，如果企业想介绍产品，则将其图片上传到微信平台，顾客即可受到视觉冲击，从而加大其购买欲望

2. **便捷性**：便捷性是指其可通过手机随时随地分享自己在生活中遇到的新鲜事，从而使顾客关注自己感兴趣的事，然后通过分析大家的关注点，采取适合的营销策略进行营销

3. **交流度高**：交流度高是指顾客可以随时反馈他们对公司产品的满意度并指出需要改进的地方，对公司品牌及公司文化的认可度也可以得到反馈。微信营销可以拉近客户与企业之间的距离，促进两者之间的沟通与交流，企业可以在微信平台上打造自己的品牌，进行互动营销

4. **营销处于被动性**：营销处于被动性是指在营销过程中，一旦顾客感到信息不对称或感到被骚扰，则会随时取消关注，这对企业所推广的内容质量要求较高，讲究互动性和可读性，得时刻揣摩订阅者的阅读心理

5. **实时性**：微信营销具有较强的实时性，当微信消息推送到用户手机后，用户就能第一时间得到提醒，充分保障了信息的有效性

6. **形式相对多样性**：微信营销的形式相对多样，如官方账号、公共平台，为零售业企业提高了多种渠道。微信还具有一个强大的功能——朋友圈，零售商家便可以利用这一渠道对商品进行宣传，通过朋友圈进行分享，一传十十传百，这个商品的推送信息会被越来越多的用户看到，从而达到微信营销的最终目的

7. **支付方式相对方便**：众所周知，微信支付方式有别于传统支付方式，它不需要消费者用现金去购买物品，只要用户的微信号与其银行卡绑定便可以消费，尤其是对于居住环境相对偏僻的人们而言，这种支付方式大大节约了时间，为用户带来了方便

图4-1　微信营销的特点

三、微信营销的优势

微信营销的优势主要体现在五个方面，具体如图4-2所示。

①	营销成本低	传统营销一般需要借助大众媒体或开展落地活动，营销推广成本高。而微信本身是免费使用的，团队组建、运营、监控管理的成本也较低
②	高到达率，高曝光率	到达率和曝光率是衡量营销效果很重要的两个指标，手机短信和邮件群发容易被屏蔽，而微信公众号群发的每一条内容都能100%到达所有用户；与微博相比，微信信息具有更高的曝光率
③	用户黏性强	微信建立在信任的基础上，一般是朋友间的关注，推送的内容更容易被接受，推广效果更好，且便于忠诚用户向他人推荐分享，传播性高。即便是微信公众平台也是用户主动添加的，用户黏性强，流失率低
④	高精准度	用户在关注微信时，商家就可以获取用户的性别、年龄、区域等属性，这样就能够根据用户属性投放内容；建立在许可式主动订阅的基础上，每一个用户都是商家的潜在顾客，推送的内容易被接受
⑤	CRM便利	目前，微信公众号分为订阅号和服务号，服务号更适合做CRM，由于通过微信平台可以获得很多顾客资料，因此便于建立顾客关系管理，为后续的营销推广做好准备

图4-2　微信营销的优势

第二节　商场（超市）微信公众号运营

微信公众号是现代企业的主要营销工具，是企业了解C端顾客需求的主要途径、是与C端顾客进行互动和交流的主要工具。通过公众号，商家可在微信平台上实现和特定群体进行文字、图片、语音、视频的全方位沟通、互动，形成了一种主流的线上线下微信互动营销方式。

一、微信公众号的主要作用

目前的微信营销主要是以微信公众号为中心，主要特点如下。

（1）微信二维码扫描或搜索微信号，一键关注获取粉丝。

（2）永久聚拢用户，并可以对用户进行精细化分类管理，使用简约的用户关系管理系统。

（3）企业产品或服务多媒体展示，是其他广告形式的外延拓展，也是用户信息收集、售后服务、沟通新渠道。

（4）自身产品、服务等促销信息，以多媒体形式一键群发，直达用户手机端，促进销售。

（5）免费群发，节省巨额短信费用。

（6）多种形式互动营销工具，增加营销的趣味性、用户黏性，提升品牌影响力。

（7）内置多种功能插件，查询天气、快递等，还有各种小游戏，让自身品牌深入人心。

二、微信公众号的分类与选择

（一）微信公众号的分类

目前，微信公众号分为服务号、订阅号、企业微信及小程序四种类型。

1. 服务号

服务号服务属性强，旨在为用户提供服务，给企业和组织提供更强大的业务服务与用户管理能力，帮助企业快速搭建全新的公众号服务平台。服务号主要偏于服务交互（类似银行、114，提供服务查询）。服务号每个月只能发布四次软文，每次可以发布多篇软文。推送的类型包括文字、图片、图文、视频、音频，推送后显示在用户聊天列表，即微信首页。申请主体包括个体工商户、企业、媒体、政府机构等（需有相应的证件），个人不能注册。

服务号支持微信支付商户号申请，可以加外部链接。

2. 订阅号

订阅号媒体属性强，旨在为用户提供信息，为媒体和个人提供一种新的信息传播方式，构建信息发布者与读者之间更好的沟通模式。主要偏重于为用户传达资讯（类似报纸杂志）。订阅号每天可以发布一次推广软文，媒体账号可推送多次。推送的类型包括文字、图片、图文、视频、音频，推送后显示在订阅号文件夹中。申请主体包括企业、媒体、个人、政府。

订阅号不支持微信支付，必须配合小程序才能完成。

3. 企业微信

企业微信旨在帮助企业、政府机关、学校、医院等事业单位和非政府组织建立与员工、上下游合作伙伴及内部IT系统间的连接，并能有效地简化管理流程、提高信息的沟通和协同效率、提升对一线员工的服务及管理能力。企业号主要用于公司内部通信使用，需要先验证身份才可以关注成功企业号。

4. 小程序

小程序是微信公众号的一种，原来叫应用号。它是服务号的升级版，一种新的开放能力，可以在微信内被便捷地获取和传播，同时具有出色的使用体验。它是一种不需要下载安装即可使用的应用，实现了应用“触手可及”的梦想，用户扫一扫或搜一下即可打开应用。

全面开放申请后，主体类型如企业、政府、媒体、其他组织或个人的开发者，均可申请注册小程序。小程序、订阅号、服务号、企业号是并行的体系。

（二）微信公众号的选择

（1）如果想用公众号简单地发送消息，达到宣传效果，建议选择订阅号。

（2）如果想用公众号获得更多的功能，如开通微信支付，建议选择服务号。

（3）如果想用公众号来管理内部企业员工、团队，对内使用，可申请企业号。

订阅号不支持变更为服务号，同样，服务号也不可变更成订阅号。

适合订阅号的企业或单位有服装、餐饮、食品、小商品等，这些行业需要短期、快速地让用户了解到自己产品的最新信息和活动等内容，所以“订阅号”群发周期1天的设置是非常适用的。

适合服务号的企业或单位为服务行业，如医院、银行、保险等，需要解答客户需求和提问的行业，适合用“服务号”。“服务号”提供的自动回复功能、关键字回复功能、二次开发功能都是针对服务客户来设计的，所以这些企业或单位更适合用“服务号”。

三、微信公众号营销的步骤

随着移动互联网的快速发展，一个崭新的传播时代已经来临。微信营销这个以分众和精众市场为目标诉求的营销模式正是这个营销新时代的先锋和代表。微信营销因为拥有海量用户和实时、充分的互动功能，正成为营销利器。

对商场（超市）来说，做好微信营销可参考如图4-3所示的步骤。

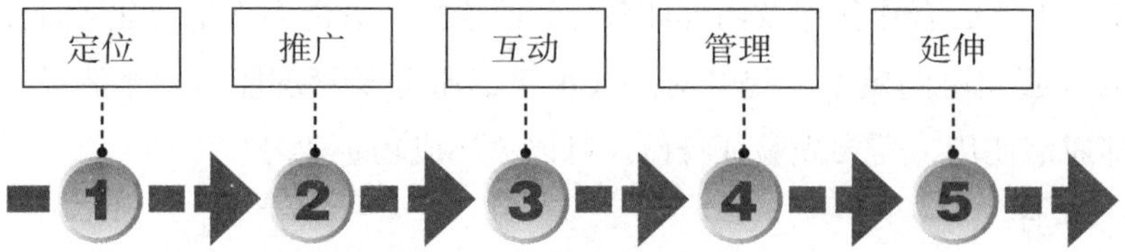

图4-3　微信营销的步骤

（一）定位

微信初期要选择好营销目标，确定好目标人群。至于如何确定目标人群，就要不断地用心去观察。微信营销注重于小范围、强关系、个性化这三个方面，微信营销离不开服务。

（二）推广

目前微信推广有线上推广和线下推广两种。

1. 微信线上推广

微信线上推广的方法有如图4-4所示的几种。

方法一　电子邮件推广，对于电商企业可在电子邮件中嵌入微信二维码

方法二　在企业的博客、论坛、QQ群等挂出二维码

方法三　在企业的官方网站直接挂出二维码

方法四　微信文章结尾处留下微信号，并鼓励粉丝分享出去

方法五　线上营销活动，包括微博微信活动，凡是关注有奖的均属于此类

方法六	微信微博大号资源协助帮转，但一般要花钱
方法七	企业微博宣传，头像，界面，包含在每条博文和长微博中。注意，博文中除了贴二维码之外，一定要留下微信号，用户通过手机观看时很难扫二维码，但可以添加微信号。许多企业并没注意这点

图4-4　微信线上推广的方法

2. 微信线下推广

微信线下推广的方法如图4-5所示。

微信线下推广的方法

- 短信推广，用短信消息提醒用户关注微信
- 产品外包装印制微信二维码
- 公司宣传册或者名片上印制微信二维码
- 线下门店海报上印制微信二维码
- 户外广告或海报宣传上印制微信二维码

图4-5　微信线下推广的方法

（三）互动

互动就是和粉丝进行沟通和交流，把所有的一切拟人化，其最终目的是营销。首先，当有了粉丝，有了内容，商场（超市）就可以通过微信展示品牌官网和商品信息；其次，运营者可以通过微信系列功能工具与用户进行互动，比如摇一摇、幸运大抽奖等；最后，在会员管理上可实行会员消费积分、会员享受特权，将固有的、潜在的粉丝转化成销售，提升商场（超市）的销售额。

（四）管理

管理这一步骤涉及内容的创作和粉丝的互动。轻松有趣、幽默搞笑、新鲜潮流、口语化生活化、有创意的内容比较符合粉丝的口味。而每天在什么时候推送内容、推送多少条图文内容、有没有必要搭建移动版网站延伸阅读，这些都是可以灵活调整的，不要限制得太死。

（五）延伸

延伸主要涉及公众账号的接口应用、自定义菜单、微信公众主页以及移动版网站等方面的应用。当然，随着微信的不断发展，未来延伸的地方还有很多。有条件的企业可以开发一个接口应用，先让部分用户体验，养成使用习惯，最终推广开来。

四、微信公众号营销的策略

微信营销作为网络营销的一种新的形式，商场（超市）要想利用其获得利润，取得成功，除推送丰富的品牌内容外，还应该向专业客服发展，并将其直接与购买挂钩，应用在生活消费中。可以创新如图4-6所示的策略，逐步实现商场（超市）营销的目的。

图4-6　微信公众号营销的策略

（一）顾客策略

顾客策略就是通过了解网上顾客的特征，以顾客的需求为导向，为其提供所需的产品及服务，对产品进行有效组合来提高顾客的忠诚度和满意度。

（1）采取精品化策略，根据市场状况和企业经营目标，从产品的宽度和深度方面进行考虑，不断对其进行调整，使产品的优势集中在销售潜力最大的产品上。

（2）采取长尾理论所论述的低成本，提供各种类中的冷门产品，并高质量地帮助顾客找到相关产品。对于微信平台，从布局、色彩等方面为顾客提供良好的视觉感受，为顾客提供产品信息、产品搜索、产品对比、实时推荐、问题解答以及延缓购买式服务，为顾客提供方便，从而达到营销的目的。总之，合理的产品组合以及优质的网站服务是吸引顾客眼球的最好办法。

（二）成本策略

成本策略就是站在顾客的角度来为相应的产品或服务定价，以达到双赢的目的。顾客的成本包括时间成本、货币成本、精神成本和体力成本。零售企业可从这些成本的某方面入手优化顾客成本。

（1）在营销过程中，在定价方面，可以利用折扣定价策略，将固定资产投资、库存费用、渠道费用等方面的成本转化为折扣，为顾客让利。

（2）可以根据产品生命周期、顾客需求和竞争者情况采取动态定价策略，使公司做出快速应变，制定有竞争力的价格，吸引顾客。

（三）沟通策略

沟通策略就是企业利用微信平台采取各种方式与公众进行沟通。企业可以利用微信平台进行话题营销和活动营销（如图4-7所示），以达到与顾客沟通的目的。

话题营销

话题营销也叫口碑营销，利用微信平台使零售业的产品成为大家谈论的话题，从而达到营销的效果。而且在进行话题营销时应实事求是，不要弄虚作假，否则会影响企业信誉

活动营销

活动营销就是通过在微信上发布有奖活动的内容来吸引广大人群对公司以及产品加以关注，然后再进行下一步的推广活动，这样就可以提高企业产品及服务的知名度，从而达到营销的目的

图4-7　沟通策略

案例

天虹商场做到极致的微信营销

天虹商场不仅是国内最早试水全渠道的实体零售商之一，而且它在转型过程

中不断探索，最终找到了一条适合自己的全渠道之路。天虹全渠道进化之路有以下几个方面值得关注。

1. 从PC端到移动端：天虹电商终于找到感觉了

天虹商场的首次触网尝试可以追溯至2010年3月“网上天虹”的正式上线。网上天虹是天虹商城自主开发的PC电商平台，主营服装服饰、母婴用品、美容护理、家居床品、食品饮料、厨卫清洁和生活家电七大品类，是深圳首家传统百货业的大型综合性B2C网站。因为其还是传统PC电商模式，没能与天虹旗下60多家门店实现线上线下各类优质资源的充分共享，因此自上线以来，网上天虹一直处于不温不火的状态。天虹商场电商事业部负责人说：“天虹自2012年底开始移动电商的探索，经过3年发展，终于找到了感觉，逐步摸索出新的移动O2O商业模式。”

意识到传统PC电商并不能给天虹的线上销售带来多大想象空间，天虹开始建设移动端渠道，开展全渠道经营。从2013年下半年开始，天虹商场实施全渠道战略，初步形成了“网上天虹+天虹微品+天虹微信+虹领巾”的“实体店+PC端+移动端”立体电商模式。

“天虹微品”App于2013年10月上线，在天虹微品上，天虹的每个店员都可以注册成为店主。天虹运营团队会将精选商品定期上传至天虹微品手机端，“店主”可根据需要在自己开设的“网店”编辑商品。再利用微信、微博、QQ等社交工具将商品分享至自己的社交圈，提供服务，形成销售，并获得分成。

天虹的员工既是产品的卖方，也是买方，“店主”一般都会先自行购买产品试用体验，分析产品卖点，反馈产品改进信息再卖出去，做一层“过滤”，以保证商品的质量，做口碑营销。因为运营推广时间很短，微品的模式开始得到供应商的认可，吸引了越来越多优质的供应商通过微品的平台实现售卖。

接入微信平台是天虹全渠道进化的一个关键环节。2013年9月13日，天虹商场联手腾讯微信打造的天虹应用平台正式上线。此平台首先在天虹唯一的购物中心上线，并拓展至全国60家门店。根据业务规划，此平台通过腾讯微生活，实现个性化信息订阅、会员系统无缝对接、一对一互动等。自从与微信合作的消息传出后，天虹商场的股票连续3日（10日—12日）涨停。

数据显示，天虹微信公众号有320多万粉丝，每年可以为天虹带来十几亿元的引流销售额，节省几千万元的营销费。

2. 引进微信平台，天虹电商走“轻资产”路线

借助微信平台，天虹的移动端电商逐渐开始盈利，这一点很不容易。在PC端苦苦探索数年一直亏损，为何通过微信开始盈利？这是由于接入微信平台意味着天虹电商思维转向“轻资产”，投入降低，而收入增加。

如果说微信服务号是建造微信平台这项庞大工程的地基，那么会员系统的对接就是支撑微信体系长远发展的“结构工程”。对会员进行精准化管理，培养维系忠诚顾客，真正实现营收的持续增长，这是商家利用微信平台想要达到的最终目的，而实现会员系统和微信后台的对接是非常关键的一步。

同其他传统零售商一样，天虹有一套原有的传统的会员系统。开通微信服务号之后，天虹把会员系统接入了天虹微信后台的社交化CRM客户关系管理系统中。

为了建立这样一个社交化的CRM系统，天虹进一步在微信后台对会员做了精准化的标签管理。天虹微信后台现已有60多个标签，每一个顾客下面有多个标签。比如一位顾客下可能有这样的标签：她是一位妈妈，是一个很喜欢参加社交活动的人，同时也很喜欢代购商品。那么，此后的活动都可以基于这些标签做个性化的推送，并且活动信息也从传统的有字数限制的短信推送变成了现在定制的图文发送，加上后台附送的优惠券，新的推送方法进一步提升了顾客感受。

那么，如何在营销上把微信用到极致呢？天虹找到了一些方向。

（1）精准营销。

标签化管理后，天虹追求的不再是图文发送后的高阅读量，而是精准发送。以前营销人员只需发送一条信息推送节日活动，而现在营销人员会为一个节日策划十多个活动，这十多个活动是针对不同的人定制的。因为活动信息有很强的针对性，所以这些信息也有很高的转发率。天虹的服务号每个月只发4条信息，以前后台每发一条信息，取消关注的就有几千人。当开始做分级式、精准化的图文管理之后，后台的取消关注度降低为原来的一半。

（2）提案营销。

提案营销也是天虹尝试过的一种营销方式。节日来临后，天虹内部运营团队会精选20款商品，然后把商品最核心的价值提炼出来，放到相应的场景中。

比如，一款亲子装的提案，运营团队会把场景细分，根据海边、爬山、郊游等不同的场景给出建议。天虹曾为一款实体店销量一般的女装做了一个“软妹子”的专题，销售当日即获得近10万元的销售额，相当于该品牌实体店1个月的销售额。生活提案式的微信图文和销售的转化是非常可观的。

（3）情感营销。

天虹微信不只卖商品，也会发送许多情感内容，这种柔化的情感营销内容是原创的，并不强迫顾客消费、参加活动，而是通过这种方式来唤起顾客共同的情感交流。

父亲节当天，天虹把对爸爸的关爱做了衔接，从情感出发，为不同性格的父亲推送不同类型的产品，让顾客真切感受到商家很懂自己，从而拉近与商家的距离。

3. KPI考核变革，经营团队也要互联网化

对于实体店全渠道转型，一个很大的问题在于管理团队大多数为经营实体零售出身，思维无法跟上互联网转型的需求。为了解决这一问题，天虹对原来的考核体系进行变革，将互联网化相关KPI作为晋升考核的重要指标。

在天虹，微信并不是一个简单的发布型平台，而是主营业务中不可分割的一部分，关系到每一个有关作业的员工的绩效考核。天虹的每个店铺都有自己的后台管理系统，为了促使零售团队向互联网化转型，这样一种组织架构保证了微信可以在天虹落地、生根并开出花来。

同时，天虹的服务团队也做到了互联网化。天虹的微信平台带有人工客服功能，为了给顾客以亲切感，这个客服团队昵称为“小天”。客服“小天”有着强大的后台支撑，除总台外，每个门店也都有“小天”系统，为顾客提供售前售中售后解决方案。

“小天”团队的建立初衷是负责订单的管理，然而久而久之，顾客开始和“小天”进行很多生活方面的交流，比如卖场里的歌不好听、如何和别人搭讪、怎样表白合适……当顾客跟小天的情感交流越多，忠诚度、依赖度也随之提升。

从一个真实有趣的故事中可以看到服务互联网化后的影响。某日，顾客小易（化名）在天虹旗下的一个商场里购物，上洗手间的时候却尴尬地发现没有带纸，于是通过天虹微信客服平台呼叫“小天”总台。“小天”团队一直被要求收到信息后60秒内回应，所以当收到这条信息之后，“小天”总台马上将其下发至门店。短短3分钟后，小易就等到了“小天”送来的纸。可见，互联网化后的服务系统很容易解决传统零售不能够即时响应的弊端。这也让天虹开始意识到客服可以创造很大的价值，现在，客服“小天”团队正在向服务营销的方向转型，他们将逐渐从服务的角色转变为营销的角色。

4. 全渠道的本质，更便捷的价值转化

对于实体零售业的全渠道转型，不同企业有不同解读。全渠道对实体零售商的意义在于扩大实体店与顾客沟通的触点，进一步转化实体店的价值，完成销售。

对于传统渠道而言，销售价值的转化并不那么容易。如果在报纸、杂志上投放广告，这些广告只能被人看到而并不能被转发，如何转化为销售价值就更无法估量了；传统实体店的商品呈现形式单一，顾客只能看到实物，而看不到实物背后的故事，自然顾客的购买欲望也未能被完全激发出来。天虹全渠道转型的出现让这一切开始变得简单。

（1）节省巨额广告费。

天虹的服务号有320多万粉丝，由统一的服务号管理，服务号内分城市、分门店管理，所有的粉丝都在一个服务号体系内。聚合的服务号有两大优势：其一，它是一个很大的广告平台，拥有巨大流量；其二，平台上的资源可以共享，降低了运营成本，每店一人管理足矣，顾客体验也得到充分保证。

因此，天虹利用服务号的优势在自媒体平台投放广告，因为自媒体渠道具有较高的转化率，所以节省了巨额广告费用。同时，通过微信自媒体还可以把优惠券作用到每个顾客身上，进而转化为消费。

（2）实体店实现数字化。

如何利用微信开创数字化的实体店？天虹旗下每个店铺都可以把自己精选的爆款商品在后台通过简单的方式上传至前台，顾客购买后可以直接去实体店提货，这就达到了为实体店引流的目的。另外，同一爆款线上线下同时卖，增加了成交量，这也成为天虹门店新的销售渠道。

在天虹的超市里，每一个商品下都有相应的二维码，你也会看到这里有许多虚拟货架，空的墙壁上放置着商品的二维码。虚拟货架的设置丰富了超市的销售品种，顾客可以直接扫码进入公众号购买，扫码后可以获取该商品的基础信息，比如它来自哪里、有什么功能、价格多少、商品有什么卖点等，都能通过此种电商化的方式呈现出来，以方便顾客进行选购。

五、微信公众号的运营策略

现在微信营销已经成为很多企业重要的推广渠道，但有部分企业的公众号却没有专人负责运营，导致微信公众号成为一个摆设。那么，微信公众号要如何进行运营呢？

（一）编辑

微信公众号内容的呈现有四种形式，具体如图4–8所示。

图4–8　微信公众号内容的呈现形式

由于微信是一个相对封闭的传播平台，我们的内容只能依靠用户的转发进行传播扩散，所以内容优秀是微信公众号传播的根本动力，有好内容才有阅读量、转发量。那么，如何才能编辑出好的内容呢？可遵循如图4–9所示的原则。

原则1　见解独到，填补大众的认知空白或不明觉厉的观点

原则2　被用户认定是第一时间发布的消息

原则3　内容没有水分、没有废话，干货丰盈

原则4　所编辑的内容与公众号的核心价值观相符

原则5　标题要让人眼前一亮，排版注意美观，并不断更新形式

原则6　封面配图要切题，要和标题一样具有诱惑性

原则7　文中配图要与内容相匹配，最好不加水印，方便用户保存使用

图4–9　微信公众号内容编辑应遵循的原则

图4–10为华润万家公众号推文示例截图。

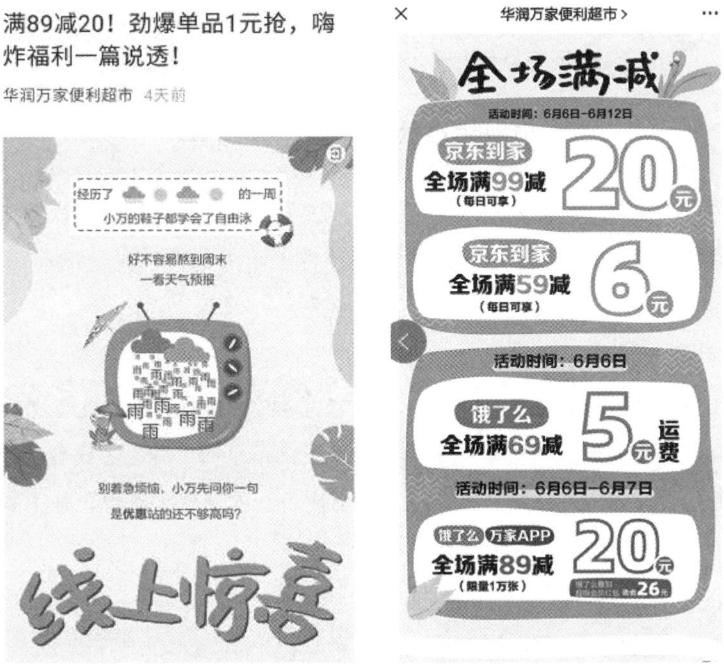

图4–10 华润万家公众号推文截图

（二）推送

现在很多用户都会订号，如果推送的信息太多，用户根本看不过来。因此，商场（超市）在推送信息时要关注如图4–11所示的几点。

① 推送时间：按自己的用户在公众号上面的活跃时间节点，及时推送相关内容，一方面可以方便用户获取信息，另一方面可以方便用户传播

② 推送频次：一周不要超过三次，太多了会打扰到用户，太少了用户也会抱怨，觉得你的微信只是一个摆设，根本不会从你这里获得什么。所以这个度一定得把握好

③ 推送形式：推送的内容不一定都是图文专题式的，也可以是一些短文本，文本字数一般为一两百字，关键在于内容能引发读者的思考，产生思想的火花，形成良好的互动效果

图4–11 微信公众号推送信息时的注意要点

拓展阅读

小型超市公众号该怎样运营

对于一个小型超市来说，合理地运用线上的营销方法可以有效提高营业额。公众号不仅可以推送消息，还可以进行二次开发在上面卖商品。那么，一个超市便利店的公众号应该怎么运营呢？

1. 引导刺激线下客户关注

任何一个超市都会有一定的线下客户光顾。超市可在收银处立一个告示牌，明示“关注本店的微信并注册会员即可减免多少钱，并且赠送什么商品”。赠送的商品要具备实用性，必须是每个人都能用到的，比如纸巾、杯子等。

用减免费用和赠送商品这两个方法双重刺激客户关注这个行为，关注并且注册会员才能享受优惠，用手机号注册会员，避免有些客户不断地关注取消以重复享受优惠，留住来店里消费的客户，有效地防止客户流失。

2. 在配送范围内的小区贴二维码

制作出二维码精美的贴纸，最好有大、小两种规格，一种较大的贴在电梯口，居民等电梯的时候可以扫一下；另一种较小规格的贴在每家的门口旁，位置不能过高也不能过低，在开门的时候能看到的位置最佳。

之所以贴纸要制作精美，是因为不能让别人觉得是牛皮癣广告，看到就有种想撕掉的冲动。精美程度最好让人觉得可以达到装饰门口的作用。在贴纸上把优势凸显出来，比如24小时营业、免配送费、首单减免多少钱，等等。就算居民看到后没有立马扫描关注，当有需要，又不想或者不方便出去的时候，打开门扫描一下就可以在线购物。

3. 做好商品分类，提供搜索功能

超市商品品种繁多，做好商品分类或者搜索功能，可以让顾客快速找到自己想要买的东西，不要让顾客翻了好几页都找不到，避免萌生“算了，不买了”的心理。

商品要有实物图，所显示的销量不能为零，让顾客觉得这个店铺是有人打理的。商品没货就要及时下架，不要等到顾客下单付款了才告知其没货，否则顾客很难产生再次购买的行为，因为不知道想要的东西到底有没有货。

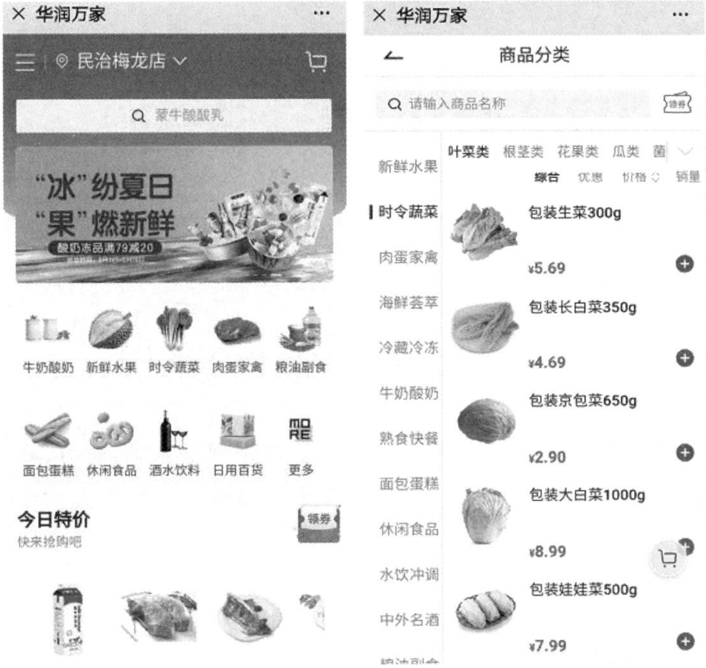

4. 支持不同的支付方式

顾客提交订单后可以选择不同的支付方式，比如银行卡支付、微信支付或者是到店现金付款。对于那些不会操作银行卡在线转账或者微信里面没有足够的钱支付的客户来说，现金付款是他们的首选。

5. 不同的积分消化方式

每个会员在上面消费金额后会产生相应的积分，为了促使积分消化，刺激顾客产生多次购买行为，可以采用不同的积分消化方式。一是积分可以用来抵销现金，比如10积分抵1毛钱，不支持折现，只支持在上面购物抵销一部分金额；二是积分抽奖，比如100积分可以抽一次奖，抽奖是有风险的，有可能什么也没抽中，也有可能抽到较大价值的奖品；三是积分换礼品，比如10000积分可以换豆浆机或是榨汁机。

6. 与管理处合作，发布相关资讯

每个小区都会有相关的通告、通知需要发布，我们可以与管理处合作，他们的通告、通知由我们在线发布，这无疑是在帮他们分担工作，管理处的人员一定很乐意把通知、通告第一时间告知我们。

如果是社区搞活动或者征集什么意见，管理处每张线下告示都有我们的二维码，扫描进入页面后就可以报名或者投票，这样不仅可以便于整理统计，还可以减轻管理处人员的工作量，同时我们也能获得大量的粉丝，达到共赢的效果。

第三节　微信小程序营销

小程序多种营销模式可以让商场（超市）打好营销基础，形成稳定、完善的营销渠道。通过营销活动引流拉新，获取大量流量曝光，降低获客的成本，成功获得潜在用户，完成营销的闭环。

一、什么是小程序

小程序是一种不需要下载安装即可使用的应用，它实现了应用“触手可及”的梦想，用户扫一扫或者搜一下即可打开应用；也体现了“用完即走”的理念，用户不用担心是否安装太多应用的问题。

（一）小程序的特点

小程序具有如图4-12所示的特点。

独特性	新零售	入口丰富	沟通能力强
小程序的名称是唯一的。就像域名和网络实名一样，谁先注册谁就拥有它。商品名称也是如此，商家需要争分夺秒地完成注册	小程序是新零售的最佳载体，也是线下门店未来的发展趋势。现在新零售的发展越来越好，小程序和新零售的结合会给商家带来更多的收益	目前小程序入口有近50个，如微信搜索、现场扫码、公众号关联、一键转发、历史列表、附近小程序等	“附近小程序”可以覆盖5公里范围内的所有微信用户，并结合线上引流和传播，效果更佳。此外，商家还可以通过各种宣传方式来增加小程序和产品的知名度

图4-12　小程序的特点

（二）小程序的优势

小程序有如表4–1所示的优势。

表4-1 小程序的优势

序号	优势	说明
1	自带推广	小程序自带的就近小程序功能，帮助微信用户在5公里范围内搜索商家，化解商家广告无处可打的尴尬。店铺是按照距离排列的，跟品牌的大小没有关系。也就是说，用户离你越近，排名就越靠前。微信上还有一个小程序，商家可以利用微信的社交属性进行推广
2	触手可及，用完即走	小程序是无须下载安装即可使用的应用程序，能够以最低的成本触达用户。小程序可以在手机桌面生成图标，不占用内存
3	搜索	微信开放小程序关键字搜索，增加商家和商家被搜索到的机会。同时，微信搜索页面还设有小程序快捷入口，为常用小程序带来更多曝光和打开机会
4	小程序代码	即使是最小的便利店也有自己的品牌！一个小程序代码，让消费者可以看到你店里的详细营业情况和优惠券，非常方便。小程序代码也不同于二维码，在场景中推广开启率更高，还可以让自己的员工、经销商或用户共享二维码，拓宽推广营销渠道
5	降低成本	从开发到运营推广，一个小程序的成本只有一个App 的十分之一，这对于创业者和传统商家来说都是一个很大的优势
6	更流畅的用户体验	小程序的流畅度几乎可以和App相媲美。小程序注重用户体验和线上线下连接，逐步整合微信公众号和H5功能，补短板，从根本上取而代之
7	更多曝光机会	小程序自上线以来，不断发布新功能。商家可以通过更多渠道推广自己的小程序，进而实现店铺和产品的推广和交易，甚至去其他平台推广，促进和增加曝光率
8	使用者是用户	只要用户使用过该小程序，就会成为小程序的用户，小程序会自动进入用户的发现栏中的列表，促使用户重复消费
9	高效的流量复购率	小程序连接线上电商，快速实现用户变现和转化，这是公众号无法实现的。其有利于留住微信用户，提高复购率
10	让用户积累成为可能	用户点击后会成为小程序的用户，即使不消费也会与商家产生关联

二、小程序营销的优势

商场（超市）利用小程序营销具有如图4-13所示的优势。

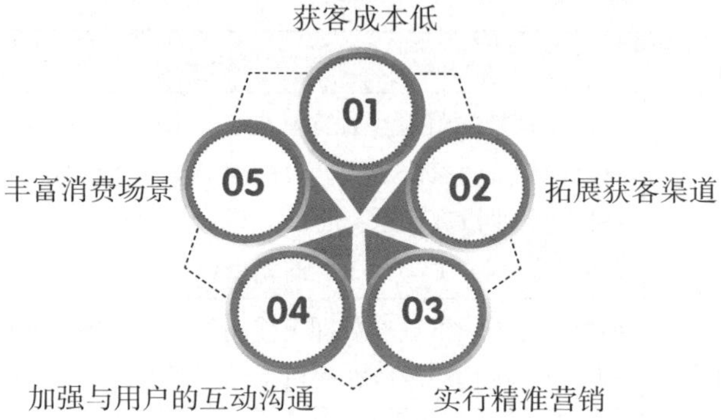

图4-13　小程序营销的优势

（一）获客成本低

商场（超市）的运营成本持续上升，商家所承受的成本压力凸显，加上门店的引流获客方式和能力有限，商家在精准获客以及用户留存和转化方面无法达到需求量，这是商场（超市）亟须解决的问题。随着市场的改变和发展，部分商场（超市）开始从传统的经营模式转型到小程序，在小程序的助力下，获客方式变得多样化，能挖掘更多的潜在流量。小程序作为商场（超市）最好的载体，实现线上线下的营销闭环，改变商场（超市）传统的经营模式，让商场（超市）不再以单纯向用户销售商品为目的，而是注重优化门店的数据分析和用户的消费体验。商场（超市）建立低成本的运营模式，通过营销手段促进用户和商品的连接，将两者进行精准匹配，实现价值最大化。

（二）拓展获客渠道

传统商场（超市）依靠地推、发传单获取用户，基本上没有更好的方式和策略，让获客变得困难；对于分享传播只能借助周边用户的资源，无法获得更多有效的入口；商家和用户的社交互动只发生在消费场景里，没有其他方式开展高效的互动活动，难以留住用户。而小程序则为商场（超市）拓展了获客渠道，具体如图4-14所示。

说明一　小程序线上线下结合，自带多个流量入口，小程序代码在线下门店会成为核心流量的入口

说明二　附近的小程序功能获取周边用户信息，为商家带来巨大的用户流量

说明三　公众号、搜索功能、社交分享等也是获取用户流量的重要入口

说明四　小程序可以利用社群进行分享，设置分享获得优惠券、折扣等方式，除了能提高用户的复购率，在社群中刺激用户产生分享行为，提高品牌的曝光率，利用社交分享的优势，还能获得有效的用户裂变

说明五　商场（超市）在小程序开展营销活动或者设置论坛，除了消费场景中互动，营销活动的互动增加趣味性，在论坛可以通过评论、点赞等形式，让商场（超市）与用户、用户与用户之间都能直接互动，有利于提高用户的活跃度和留存

图4-14　小程序为商场（超市）拓展获客渠道说明

（三）实现精准营销

传统商场（超市）在获取用户消费、用户浏览以及商品销量等信息方面都未实现数据化，而小程序可以实现数据分析，提供数据化方案，帮助商场（超市）判断用户的消费倾向、消费行为，掌握实际的商品销量。

有了数据化的优势，商场（超市）可以实施精准营销。

（1）轻松策划精准营销，向用户推荐销售商品，并进行引导，有效促成成交。

（2）配合积分商城、会员储值等功能，商场（超市）可以更好地连接用户，打通线上与线下的营销渠道，升级营销模式。

（3）开展预售模式，解决商场（超市）门店以往只是按照大概数量进货，产生货存不足或者货存积压的现象，有了用户需求数据就能更精确地进货。

（4）通过数据化管理用户，精准结合商品和服务，能更好地引流用户、沉淀用户和维护用户。

（四）加强与用户的互动沟通

商场（超市）在线下获取市场调查信息、用户信息、商品评价信息非常不容易，而在线上则可以根据用户的浏览率、点击率和实际的商品销售数据，分析用

户的消费水平和设置合适的营销方案，从而为用户提供更优质的服务，可以与用户有更好的互动沟通，如图4–15所示。

方法一：通过附近的小程序提高零售门店的曝光率，覆盖用户的面积会更广，用户在小程序上可以查看到商场（超市）的具体信息、位置信息等，这意味着商场（超市）在选择门店的地址时不需要依靠位置的优势，节约了门店的选址成本

方法二：借助小程序代码引流线下的用户到线上，以营销活动为用户提供优惠，引导用户将活动或者小程序推荐给更多的用户，形成裂变营销，获取更多的用户

方法三：在新品上市、假日开展营销活动，商场（超市）通过公众号、微信群、朋友圈在预热活动时不断刺激用户分享，为活动引流大量用户

图4–15　商场（超市）与用户的互动沟通方法

（五）丰富消费场景

小程序帮助商场（超市）实现场景化、用户数据化，配合线下的消费场景需求，带动全新的消费体验，打通线上和线下的营销渠道，更快地将零售落地，将线下服务转向线上化，大大缩短了商场（超市）触达用户的路径。

（1）依托小程序的线上流量，商场（超市）门店最大化挖掘用户价值，吸引用户进行消费，助力商场（超市）提高销量，实现流量到销量的转化。

（2）小程序加强社交分享的能力，丰富的营销功能参与裂变式营销，例如推送各种优惠券，用户通过兑换优惠券、满减券等消费，不仅能够享受特价优惠，还能提升门店的销量；分销活动通过佣金奖励的制度，让每一个用户都能结合社交关系帮助商场（超市）获取更多新用户。

（3）引导老用户在消费后进行口碑裂变营销，帮助商场（超市）提高推广效率。小程序改变传统零售，帮助商场（超市）连接用户、运营用户，从而让商场（超市）获得有效的销量增长。

三、玩转小程序的策略

商场（超市）可通过小程序推动传统零售的线上转型和升级，不断协助商场（超市）触达用户，沉淀用户流量，实现用户线上购买的全流程服务，获得核心

用户数据，盘活用户价值。那么，商场（超市）该怎样玩转小程序呢？其策略如图4-16所示。

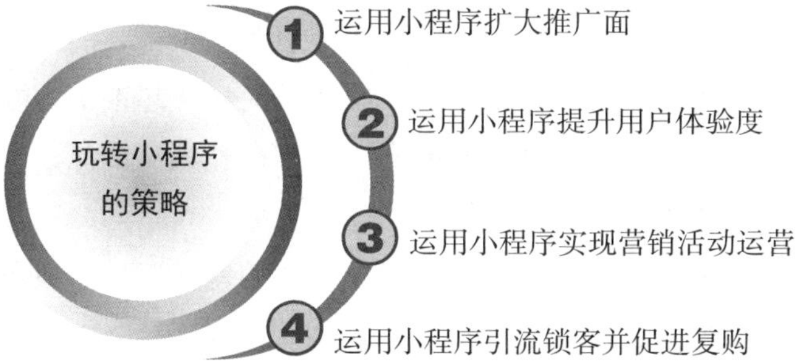

图4-16　玩转小程序的策略

（一）运用小程序扩大推广面

小程序本身是微信旗下的一个应用，可以对接微信的多个平台接口，包括微信公众号、朋友圈、微信群，等等。诸多的渠道都可以成为商家推广的平台，小程序就是媒介。

比如，商场（超市）可以在微信群中分享一个小程序，促使客户打开小程序看内容。拼多多就是采取小程序分享功能实现传播的，其推广的效果也是相当喜人。

（二）运用小程序提升用户体验度

小程序本身是免安装的应用，具有很好的功能。在经营过程中，顾客的诸多痛点都可以借助小程序来解决，正因如此，用户的体验度提升完全可以靠小程序来完成。

比如，顾客打算预约商家，或者查看店内的排队情况，甚至结算和选择商品，都可以借助小程序来实现，使得顾客对小程序这一营销模式相当认可。

（三）运用小程序实现营销活动运营

在经营过程中，商场（超市）需要吸引顾客来实现更多订单，那么肯定需要玩转小程序来打造营销活动，这也是一种相对较快的吸客方式。便捷的小程序可以分享到很多平台，实现吸引客户参与到营销活动中。

比如，商场（超市）搭建小程序来设计拼团活动或秒杀活动，这样大家参与的积极性会比较高。毕竟这也是一个能够获取优惠高品质商品的机会，谁都不愿意错过。商场（超市）也能借此赢得更多客户的关注。

（四）运用小程序引流锁客并促进复购

商场（超市）开发好小程序后，需要实现引流和锁客，因为这是推动客户产生复购行为的关键因素，绝不可以马虎。要知道商场（超市）不能只是经营一次客户，而是要把客户锁住，实现多次的复购，打造私域流量池，这才是商场（超市）现在必须做的事情。

小程序本身有着很大的魅力，也赢得了大众的喜欢。基于各类新颖的营销活动设计，还可以实现引流客户到商家的微信群来锁住客户。

比如，参与小程序营销活动的客户必须加入商家的微信群等。

只要商场（超市）综合利用自身资源，巧妙使用小程序运营，就能赢得客户的关注。如果能够抓住客户的心去经营，那么靠小程序营销获得大量订单完全没问题。

四、小程序商城的引流

在这个新零售时代，如何给自己的小程序商城带来更多订单和私域流量，是商场（超市）需要着重考虑的问题。那么，商场（超市）应该怎么做，才能吸引更多用户呢？可参考如图4-17所示的措施。

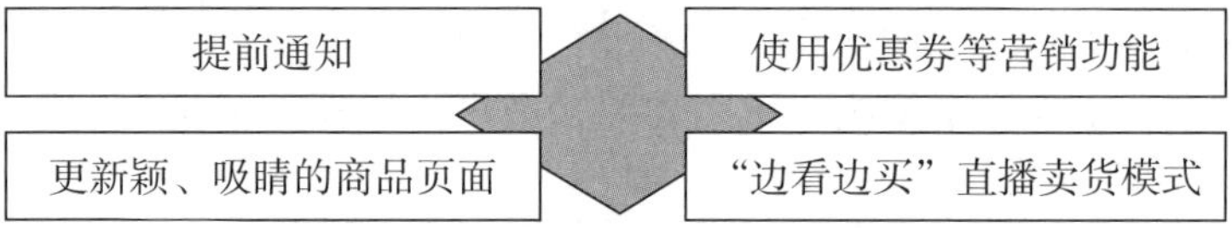

图4-17　小程序商城的引流措施

（一）提前通知

如果商场（超市）有自己的微信公众号，就可以提前1～2周推送自己的活动信息，并且要多推送几次，让更多客户看到，加深粉丝对你的活动的印象。

商场（超市）还可以在小程序内设置弹窗，这样当用户点进小程序时，他们看一眼就能明白你在做什么活动。弹窗能有效吸引用户，尤其是一些包邮活动、优惠券等，对商城转化非常有用。

（二）更新颖、吸睛的商品页面

互联网时代的消费者喜欢追求新鲜刺激。在零售电商竞争激烈的背景下，要想让自己脱颖而出，商场（超市）就需要让自己的小程序足够吸睛、新颖，让顾客有眼前一亮的感觉，让他们感叹“哇，这次年中促销非常与众不同”，从而增加浏览时间、提升转化率（如图4–18所示）。

图4–18　商场（超市）小程序商城页面截图

（三）使用优惠券等营销功能

想要做好营销，没有优惠活动怎么行？商场（超市）可以在“上线了”小程序编辑器内的“营销中心”里添加优惠券、拼团、分销系统等，可以设置统一的满减优惠、特定商品优惠、免邮优惠，以此来刺激顾客下单；还能利用“拼团”功能，顾客要想获得更多优惠，就要邀请其他人和自己拼团，从而形成“老客带新客”的局面，促使粉丝裂变。如图4–19所示。

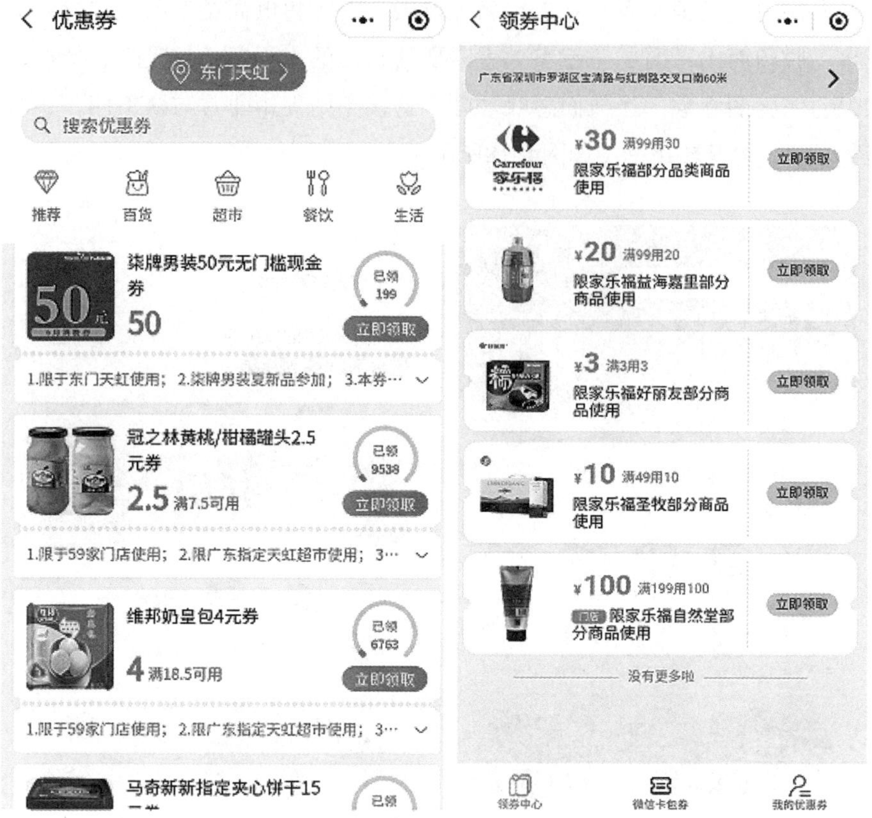

图4–19　商场（超市）小程序商城优惠券领取页面截图

（四）“边看边买”直播卖货模式

在信息大爆炸的传播环境下，商场（超市）要想博得消费者的更多关注，就需要不断创新卖货模式。而“小程序直播”卖货方式，商场（超市）就可以好好利用起来。

小程序直播效果是相当显著的，以微信发布的“女神节”小程序直播数据来看，2000个主播累计直播时长近900小时，分享次数最高的直播间达到2万次。通过小程序直播，部分品牌的订单量增长近12倍，部分品牌交易额增长5倍，还有的品牌单日销售额突破2000万元大关。如图4–20所示。

图4-20　天虹商场小程序直播展示截图

电商直播能让你即时连接消费者，且通常用户在直播间停留的时间较长，毕竟这种方式比自己干巴巴地浏览更生动有趣。多用直播的方式促销，也有助于商场（超市）增加自身私域流量。

第四节　微信会员卡

在中小型的实体店铺中，维护顾客成为一件难事，为此，其用尽各种方法，不仅成本高，而且费时费力，比如平时的优惠促销活动、节假日的营销活动、顾客生日活动、推荐成为会员赠送礼品之类的活动，即使用心做了这么多，也没有达到预期的效果，能达到预期效果的店铺数量极少，顾客依然在流失。微信电子会员卡小程序让店铺与顾客之间不再陌生，从而更好地留住顾客。

一、何谓微信会员卡

微信会员卡是微信与商家的实体会员卡相互结合产生的一种新型电子卡，这种会员卡存储在手机微信中，所以叫微信会员卡，也叫微信电子会员卡。顾客使用这种微信会员卡可以和实体卡一样享受商家提供的会员折扣和服务。

微信会员卡将微信跟会员卡完美结合，用户扫描微信二维码即可成为门店会员，还可以在微信上查询会员卡的积分、卡余额、卡消费记录，查看门店信息、优惠券信息。众多微信用户都是商场（超市）的潜在顾客。

二、商场（超市）开通微信会员卡的益处

微信会员卡能通过微信将门店近期的活动优惠第一时间让顾客知晓，唤起顾客对门店的记忆，结合活动刺激顾客潜在的消费冲动，拉近了顾客与门店的距离，并且加深了顾客对门店的印象。

微信会员卡有制卡、线上开卡、积分功能、支付、会员积分等功能。帮助顾客提升会员卡的使用率和管理的效率。微信会员卡系统将用户使用相关的数据向商家推送，自动录入系统里，帮助商家更好地进行管理和店铺的运营。

三、商场（超市）如何开通微信会员卡

开通微信会员卡功能需要有一个支持微信会员卡功能的会员管理系统和一个微信公众平台账号，然后把会员管理系统和微信公众平台做接口对接。商场（超市）可按以下步骤来开通微信会员卡。

（1）提前申请微信公众服务号，微信公众服务号认证后，再申请开通卡券功能及微信消息提醒功能。

（2）购买一套会员管理系统，把会员管理系统和微信公众平台进行无缝对接。

拓展阅读

微信会员管理系统的主要功能

一般微信会员管理系统主要包括以下功能。

1. 微商城

商家通过会员管理系统与微信对接后，比如超市会员管理系统有实体商品的，可以开通微商城，会员不仅可以在线下购买商品，也可在微商城购买，既能提升销量，也让会员有更好的购物体验。

2. 加强互动

通过微信公众号，可以加强商家与会员之间的互动，公众号内容可以根据商家自身进行相应的内容推送，前提是推送会员感兴趣的内容，也可以通过后台数据分析出会员感兴趣的内容。

3. 发展新用户

系统可以设置会员推荐制度，当会员推荐新用户成为会员后，可获得相应的提成或奖励等，可刺激会员老带新为商家带来客流量。

4. 提升会员忠诚度

当消费者成为会员后，商家可通过不定期的促销活动、优惠等来提高会员的忠诚度。

5. 积分兑换

积分兑换是大部分商家都会选择的促销方式，系统可以直接对积分规则进行设置，会员消费后系统自动增加积分，当积分到达固定值后可兑换成相应的奖品、优惠等。

6. 消费信息提醒

会员可通过微信随时随地查询自己的信息、消费数据、积分等，借此提高会员对商家的信任度。

（3）在后台设定商家门店信息。

（4）根据需求，创建不同类型的电子会员卡，如储值卡、计时卡、计次卡、折扣卡、权益卡等。

（5）建立相应的会员制度，如会员等级、售卡金额、注册奖励、升降级规则、积分折扣等。

四、商场（超市）微信会员卡营销

微信会员卡是一个通过将线下顾客转化至线上，进行二次营销和粉丝裂变的非常好的工具，如图4–21所示为微信会员卡营销的方法。

作用一	在会员卡上设置了优惠券入口，顾客可以在会员卡页面看到，点击之后需要关注公众号领取，这样就把会员引流到了公众号里面，可以定期地群发消息，直达会员
作用二	引导顾客通过微信把会员卡分享给他的朋友，起到一个简单的裂变作用
作用三	会员再次来店购物时只要扫描微信支付二维码，系统会自动识别出他是会员，然后跳出会员买单页面。当会员买单结束后，商场（超市）可以向他推送一张预设好的电子优惠券，会员领取之后可以在下次来店购物的时候使用，刺激顾客进行二次购物
作用四	可以设置消费送成长值，会员的成长值越高，越能享受更低的折扣
作用五	在线储值功能。以前店里发布活动之后，都需要顾客到店参加。如果顾客没有时间参加，商场（超市）就会损失一部分顾客资源。在线储值功能则可以让会员随时随地通过会员卡在线储值

图4–21　微信会员卡营销的方法

总而言之，以上几种方法非常有利于商场（超市）线下用户的裂变及转化，同时可以通过微信会员卡转至线上。

案例

超市微信会员卡营销方案

一、基本情况

公司名称：×辉超市。

主功能：微会员（会员尊享日）。

配合功能：微助手、刮刮卡、无线Wi–Fi。

二、运营目标

×辉超市重庆店现有会员1.5万，其中活跃卡50%，呆泄卡36%，睡眠卡14%，通过此次会员活动可以有效拉近与客户的距离，提高会员的忠诚度，开发新会员，从而提升市场的影响力；同时运用各种奖励吸引顾客到店体验服务。

三、具体方案

（1）提前一周在门店用海报展示即将推出会员尊享日活动，关注微信有惊喜，另外可以免费使用无线Wi-Fi。

（2）用微信公众号、无线Wi-Fi向粉丝发布本次活动信息，活动信息如下。

①注册会员即送10积分。

②利用向小伙伴推荐功能，推荐后每注册一个用户，会员即可增加10积分。

③会员可以抵扣20积分返5元电子消费券，以此类推。

④金、银卡全场9折，普卡9.5折。

⑤活动当日在门店消费满100赠送5元电子消费券，以此类推。

⑥当日消费金额满360以上即可在公众平台参与刮刮卡抽奖。

奖品包括：

一等奖（1名）：价值6000元的华帝抽油烟机一套。

二等奖（1名）：价值2000元的美的饮水机一台。

三等奖（1名）：价值500元的电子消费券。

中奖者凭二维码到店领奖，即向店员出示奖品二维码。店员打开门店系统，将下载好的微助手和门店系统绑定。绑定好后，扫描顾客的奖品二维码，弹出中奖信息，点击确定。同时，店员给予顾客奖品。

第五章　商场（超市）直播营销

·章前导引·

现阶段，随着互联网技术越来越先进，直播营销快速发展，吸引着人们的视线，为网上传播、网络购买带来了新方式。

第一节　直播营销概述

一、直播营销的定义

直播营销是指在现场随着事件的发生、发展进程同时制作和播出节目的方式，该营销活动以直播平台为载体，达到企业获得品牌的提升或是销量的增长的目的。

直播营销是一种营销形式上的重要创新，也是非常能体现出互联网视频特色的板块。在某种意义上，在当下的语境中直播营销就是一场事件营销。直播营销能体现出用户群的精准性，能够实现与用户的实时互动、深入沟通、情感共鸣。

二、直播营销的优势

对于广告主而言，直播营销有着极大的优势，具体如图5-1 所示。

优势一　能快速传播和引起关注

除了本身的广告效应，直播内容的新闻效应往往更明显，引爆性也更强。一个事件或者一个话题，相对而言，可以更轻松地进行传播和引起关注

优势二　能体现出用户群的精准性

在观看直播视频时，用户需要在一个特定的时间共同进入播放页面，这种播出时间上的限制能够真正识别出并抓住这类具有忠诚度的精准目标人群

优势三　能实现与用户的实时互动

相较于传统电视，互联网视频的一大优势就是能够满足用户多元化的需求。用户不仅仅是单向地观看，还能一起发弹幕吐槽，喜欢谁就直接献花打赏，甚至还能动用民意的力量改变节目进程。这种互动的真实性和立体性，只有在直播的时候才能够完全展现

优势四　能与用户深入沟通并引发情感共鸣

在这个碎片化的时代里，在这个去中心化的语境下，人们在日常生活中的交集越来越少，尤其是情感层面的交流越来越浅。直播这种带有仪式感的内容播出形式，能让一批具有相同志趣的人聚集在一起，聚焦在共同的爱好上，情绪相互感染，达成情感气氛上的高光时刻。如果品牌能在这种氛围下做到恰到好处的推波助澜，其营销效果一定也是四两拨千斤的

图5-1　直播营销的优势

三、直播营销的常见模式

常见的直播营销有如图5-2 所示的三种模式。

图5-2　直播营销的常见模式

（一）品牌 + 直播 + 明星

在企业直播营销的所有方式中，“品牌+ 直播+ 明星”属于相对成熟、方便执行、容易成功的一种方式。明星往往拥有庞大的粉丝圈，产生的效应可以迅速抓住观众的注意力，进而产生巨大的流量。所以在大多数情况下，企业想要通过直播塑造品牌形象时，一般都会优先考虑拥有固定形象的明星。

不过需要考虑的是，这种方式虽然见效快，但也有一定的缺陷。大部分明星很难留下影响较为深远的话题，而且明星直播已经被大量企业利用，观众对明星的好奇心被大量消磨之后，其产生的效益也会大量减少。因此，企业在采用这种直播方式进行营销的时候，要学会把握时机、适当利用。

（二）品牌 + 直播 + 企业日常

在直播时代，个人吃饭、购物等日常活动都可以作为宣传个人IP 的直播内容，那么企业的日常同样也可以作为直播内容进行品牌宣传。

所谓的“企业日常”，指的是企业制定、研发、生产产品的过程等，甚至是企业开会的状态、员工的工作餐。这些对于企业来说稀松平常，甚至还有点儿琐碎的小事，对于消费者来说却是掩盖产品光环下的“机密”。因此，将“企业日常”挖掘出来搬上直播平台也是一种可以吸引观众注意力的直播营销方式。

（三）品牌 + 直播 + 深互动

现在业界对于直播营销的探索还在进行中，但是有一点已经形成共识：直播最大的优势在于带给用户更直接、更亲近的使用体验，甚至可以做到零距离互动。

但这点实际上是最难以创新的一种直播营销玩法。因为直播本身就具有高效的互动性，所以企业想要让品牌通过直播平台与消费者进一步“深互动”则需要一定的创新思维。但是，一旦企业对“品牌+ 直播+ 深互动”有了正确的创新思路，就会获得相当可观的成果。

第二节　商场（超市）直播营销的运作

一、直播平台的选择

既然是直播，商场（超市）就要确定直播的平台，研究一下哪个平台更适合自己，抖音、快手、淘宝、微信、映客等直播平台，各有各的优势，也各有要求。商场（超市）可根据门店所在的区域，选择适合的直播平台，一般来说平台都有自己的商城体系，可以同时设立。

当然，选择大平台，借助平台的大流量优势，机会会更大一些。

比如，一些商场选择公域平台直播卖货，如北京翠微百货、新世界百货各大门店均在抖音注册了账号，并不定时地开展直播。还有一些商场选择在自有平台直播卖货，如广百百货就在旗下的广百荟App直播间开启了直播卖货，每天四场，由专柜导购变身主播与消费者进行互动。

在上海五五购物节期间，上海第一百货、新世界大丸百货等在拼多多电商平台开启直播卖货；百联集团旗下的百联世博源购物中心、又一城购物中心等还同时在淘宝开设了直播间。

永辉超市作为首批参与直播活动的零售企业，已在福建、天津、东北等不同省区，在抖音上推出了多场不同内容的直播，每场直播的时间均在2小时左右。如图5－3所示。

图5-3 永辉超市在抖音的直播页面

二、直播主播的挑选

直播受到年轻人的喜爱，很重要的一个原因是互动性强。其中主播的个人魅力和影响力至关重要。那么，对于以卖货为主业的商场（超市），如何挑选自己的主播呢？

（一）业务能力强

从已有的尝试看，目前商场（超市）更加看重的还是主播自身的业务能力，也就是商品知识和行业知识。

比如，永辉直播的主持人来自厂商和导购，这相当于把线下的推销搬到了手机里，但以商品为核心的本质没有变。而在物美&多点DMall与宝洁的直播首秀中，出镜的两位主播为宝洁卫品高级销售经理和北京城市经理、“90后”美妆达人。他们的行业知识丰富，能够充分展示商品的卖点，同时具有一定的流量基础，这也是直播引流的一种手段。

其实直播本身并不是很难，难的是要有员工愿意去做这件事情，商场（超市）可以在团队内部寻求一些具有一定的专业能力、口才较好、面容端庄的员工做主播（直白地说，直播一开始就是靠颜值，后来才逐步有自己的人格定位）。

比如，银泰百货的导购们就在淘宝上直播带货。银泰和淘宝发起的导购在家直播的项目得到了大批品牌商的支持。化妆品、服饰等品类商家纷纷表示支持，甚至给出了粉丝专享福利。雅诗兰黛、科颜氏、悦木之源、艾诺碧（IOPE）、耐克、斐乐、泰兰尼斯等品牌已率先加入“导购在家直播”项目。

早在2019年5月，银泰百货就曾携手天猫淘宝发起“云柜姐计划”；“6·18”期间，试水了100位导购直播卖货，银泰通过短视频、直播等方式，赋能5万一线导购，使她们从普通“柜姐”成长为“新零售导购”。其中，银泰百货杭州武林店SK-II专柜店马珂首次在淘宝进行短视频直播，仅一上午，她个人的喵街销售额就冲上6万元，是平时她在喵街日销售额的6倍。

通过直播，银泰百货可以把人连接到商品，再完成购买。在这种模式下，导购在家也可远程服务顾客，成交后可取得分佣，与之前的只服务于临柜相比，导购的收入也有了提高。

当然，如果商场（超市）能够一开始就有自己的人格定位，并形成一个虚拟的小团队，效果会更好。

（二）表演能力强

需要指出的是，直播的魅力之一就在于表演性。也可以说，一个人对着镜头看一个小时，最后什么也没有买，但是他（她）并没有觉得自己在浪费时间，这就是好的直播。表演性这个词对于线下零售业来说，其实一点儿都不陌生。过去超市搞的各种现吃先做、花式叫卖，其实都是在“表演”零售业，是把充满烟火气息的菜市场和商业街的元素植入了卖场空间。

直播同样是一个表演的舞台，只是由于空间有限，不可能允许主播在直播镜头前过分卖弄或者动作幅度过大。更多的是依靠个人形象、口才和风格。

其实，对于商场（超市）来说，未必需要个人风格很强的主播，但是可以根据自身的定位和品类特点，形成自己一以贯之的风格和定位。

永辉超市的首次线上直播活动开始于2020年3月3日，由永辉生活App与其自有品牌“永辉优选”、宝洁、联合利华、伊利等国内知名品牌合作开展，其主播全部来自永辉一线采购及厂商工作人员，相比于职业主播，他们具有丰富的采购经验，对品牌和产品更为了解。据悉，3月3日至3月7日活动期间，共有超20万网友在线观看了永辉超市的直播，销售成交额超10万元。

2020年4月1日下午，一场别开生面的直播活动再次在重庆市南川区水江镇南川方竹示范基地内进行，永辉超市将直播间直接“搬”到了源头产地的田间地头，为消费者带来了一场最直观的直播体验。

据了解，此次南川鲜竹笋直播活动仅在永辉生活App重庆区域开展，虽然销售区域有限，但直播期间，还是有上万名网友涌入直播间观看，一个小时左右的直播时间，订单量超过了3000份，销量超过15000斤。为了保证消费者能尝到最新鲜的竹笋，当地有着几十年经验的资深笋农在进行直播的同时，现场采摘新鲜竹笋。采挖完成后，由永辉超市产地一线采购组织农户进行分拣，挑选出品相上乘的竹笋后现场发货，为下单用户包邮送到家。

永辉依托于永辉强大的生鲜供应链体系，突破传统直播方式，走进永辉遍布各地的直采产地，在田间地头、生产车间为消费者带来更直观、更具性价比的爆款商品。在超市里面，永辉的生鲜标签是比较突出的，那么永辉利用直播这个渠道突出生鲜的现场感，以此作为自己的定位，未尝不可。何况，这种资源和场景的稀缺性，对于具备好奇心的消费者来说，也是一种难得的表演。而各家商场

（超市）其实都有一些自己独特的资源。

（三）专业能力强

直播本质上是一种视频传播，媒介属性是其绕不过的坎儿，商场（超市）要想做好直播，还得有懂视频传播的专业人员。随着直播带货的发展，用户对主播的专业性要求也会逐步提高，这就要求商场（超市）必须对自己的员工做好视频传播方面的专业培训，让专业的人去做专业的事。

三、直播活动的预热

我们都知道，每一场活动都需要有一个预热的过程，商场（超市）的直播营销活动也不例外。

在直播前，商场（超市）的营销人员一方面要通过微信、微博、自媒体等各类企业新媒体平台发布活动信息，并抓住活动爆点、逐步解密，持续吸引观众注意力。另一方面可将定制化企业直播间嵌入商场（超市）的官网、官微以及微信公众号等平台，使各平台粉丝能够直接通过直播链接观看企业直播活动，实现粉丝聚合；同时可借助有奖分享、榜单排行、第三方推流等营销组件，让企业活动获得更多传播渠道，并进一步提高观众参与的积极性，扩大活动影响力。

直播预热要确定好直播主题，可以借助当下热点事件、权威平台、网红明星，实现借势营销。

比如，×××的直播预热套路如下。

第一步，20××年3月19日，通过个人微博宣布直播带货，并寻找厂商合作，号称有超过1000家厂商与其联系。通过自带流量，展开话题营销，引发大V和媒体转发。

第二步，20××年3月26日，发布抖音视频，宣布抖音成为其独家直播带货平台，结果4小时收割100万抖音粉丝。

明星预热的套路因为明星自带流量，难以复制，但商场（超市）的会员优势是可以转化为粉丝优势的，并通过店内海报陈列、公众号发布、员工朋友圈转发、社群@所有人等方式，吸引更多顾客参与。

所以，多平台、全方位预热，确保足够数量的观众基础，是决定直播成败的第一要素。

四、直播品类的选择

直播带货对选品要求很高。作为品类结构更为复杂的商场（超市），选品难度更大。什么品类适合直播销售？这需要商场（超市）仔细斟酌。

（一）洗护用品

为什么洗护品类会被超市选为尝试直播的切入口？除了用户群符合居家女性定位，或许还因为这一品类既是刚需生活用品，同时动销又比较慢，需要释放一定库存或者上新。如果形成购买，履约方面对于时效又不是那么紧迫。几个条件叠加在一起，对于直播的新手来说，这个品类的安全系数也较高。

真正从卖货的角度考虑，直播其实对于货品的选择还是有门道的。比如最好有一定的体验感或者需要展示，从这一点来说，快消品的难度更大一点儿。

服装、小家电、个护化妆品都是比较适合的品类。

另外，看直播的人群本身是以年轻人为主，因此要符合年轻人的审美和趣味，这一点和大卖场的传统客群也有一定的区别。而直播的作用，也是这些超市品牌放低身段，赢得年轻人好感的一种方式。

（二）生鲜食品

食品类为人们日常生活的刚需，商场（超市）也可从这个品类着手来开展直播卖货。

比如，物美在经过两次的洗护用品直播后，第三次直播开始卖起了生鲜。直播上线前一天，物美就已在官微内进行预热，并提前放出直播商品预告，本次直播的30款商品中涵盖了蔬菜、水果、肉、蛋、海鲜、调味品、饮品、厨房用纸，可以看出选品上围绕的是居民的一日三餐。

价格设定上，所有商品均为直播专享底价，购满99元送1袋香蕉。为了激发观看者的购物欲，物美还选取了几款商品打造超特价爆品，比如，3个1.1kg的菠萝只需10元，1箱4个的西州蜜瓜仅售39.6元。

消费者对这一策略十分受用。直播结束后，这三种商品荣登热卖榜首，说明优惠是直播带货促成成交的一个重要手段，尤其对于大众熟悉的品类，相比于线下门店，消费者选择在直播间下单的意愿受价格的优惠程度影响较大。

这从直播间的评论中也能看出，“便宜”二字出现的频率很高。

这一次，物美“牵手”的是川菜品牌眉州东坡，以做菜的形式带动商品销售，颇有电视美食节目的感觉。眉州东坡方派了一位厨艺精湛的厨师掌勺，将直播间售卖的生鲜搭配烹饪出香椿炒鸡蛋、宫保鸡丁、香葱虾等多种美食，现场制作更能将食材的优势展示给顾客，也会激发起顾客的购买欲。

餐饮与超市的跨界联合，在直播中确实是一个比较吸睛的组合，也迎合了疫情背景下“全民下厨”的趋势。乘着下厨的“东风”，物美以“美食教做”的形式将生鲜带到线上售卖，这场直播结束后，物美获得了1.8万观看量、近5000条评论和10.4万点赞量。

作为高频刚需品，生鲜的基本品类早已被消费者熟知，大家在生鲜购买上的目的比较明确，且随着社区店发展得如火如荼、遍地开花，比起看一两个小时直播买菜的生鲜直播，下楼就能买菜的社区店更便捷。

退一步来讲，即使消费者“懒得”下楼，下单后1小时内必达的各类生鲜电商也足以满足这部分顾客的需求，在社区店和生鲜电商的腹背夹击下，生鲜直播是否真的没有生存空间？

如何看待这个问题，取决于入局玩家的诉求点。单从销售角度来看，生鲜直播的销售额肯定比不上社区店和生鲜电商，但除销售额外，生鲜直播能否带来其他收益？这对于商场（超市）未来的发展是否有利？值得好好探讨一番。

生鲜直播更注重场景，在源头产地直播，消费者更能感知生鲜的鲜度与健康，若单纯把镜头对准卖场内的生鲜货架，则无法展现生鲜的卖点，很难刺激消费者下单。

直播的生鲜商品要具备两种优势，一是价格，二是品牌化。对于大众熟知的生鲜品类，要走低价路线刺激消费者下单；若不走低价路线，就要主打生鲜的品牌化优势，强化生鲜在消费者心中的品牌意识，将健康、安全、优质的品质表现出来，在这方面直播自带的场景式体验感比线下实体店更具优势。

此外，新鲜度与履约时效也是消费者在下单时考虑的重要因素之一。

生鲜只要一“上线”，销售难度自然上升，对于要求鲜度的生鲜，无法触摸的购买模式会使消费者下单更谨慎，鲜度对于线上生鲜至关重要，若鲜度不够，就难以留住消费者，更无法建立忠实顾客群。尤其是直播生鲜，要保证送到消费者手中的生鲜品质与屏幕上宣传的品质一样，否则会给顾客留下虚假宣传的印象，口碑很重要。商品品质是核心竞争力，其余都是增量，否则只是看着很热闹，消费者并不买账。

履约时效方面，目前尝试直播的商场（超市）几乎都采取预售制模式，即当天下单，第二天送达，这是社区拼团常用的一种模式，能保证商品的周转率，但对于高频刚需的生鲜商品来说，消费者对时效性的要求很高，如何平衡低价与时效，绕过时效性更强的生鲜电商直达消费者，是商场（超市）做生鲜直播面对的一道难题。

（三）选品数量

初期直播，品牌以大牌、共性、应景、应季商品为主，比如洗手液、面膜、生鲜食品、电烤箱、净化器、换季服装等。单品不宜过多，以3～6个为佳。

特别提示

直播商品一定要方便顾客的点击购买和付款。后台的电商或购物小程序是支撑社群营销和直播带货的关键一环，如果顾客只是看到商品图片和价格，不能一键下单，每增加一个环节，就会多一份流单的可能。

所以，一定要设计显示便捷醒目的线上购物付款通道。

五、直播时间的选择

商场（超市）的直播活动时间应与门店档期同步。对于直播选点，考虑到工作日和刷视频的休闲高峰，以晚上8点至10点最佳，其次可考虑周六、周日的下午3点至5点。

六、直播场地的搭建

商场（超市）的优势在于场景的代入感，所以直播选择在门店实景拍摄有观赏性。长期来看，有条件的门店可以搭建固定卖场直播间，统一直播间环境背景和主题形象，通过直播向消费者进行稳定的视觉传达输出，有助于强化品牌印象。

如果不能搭建固定直播间，直播品牌所在区域临时搭建，现场演示也容易引起用户的注意，促进线上线下双重销售。

七、直播流量的变现

直播带货不是一场孤立的活动，而是一个整合的营销活动，有预热、有传播、有圈粉、有预售、有互动，就是通过动员导购员集合消费者，然后汇流到直播平台成交。直播带货并非易事，需要考虑技术、传播、现场互动、主播风格、前期引流、产品卖点、利益诱惑等多方面因素。

（一）流量变现的制约

商场（超市）的直播销售转化率普遍不高，运营商也未能建立与品牌商的双向增长机制，引流、选品、技术、主播等方面的不完善都制约着商场直播卖货。对商场（超市）来说，想要把流量变现并不是件容易的事，具体体现在如图5-4所示的几个方面。

引流方面的制约	技术方面的制约	主播方面的制约
在引流方面，商场直播并不像网红直播那么便捷。有消费者表示，网红直播时间较为固定，在商场举办的直播中，不同品牌的直播时间和场次都不同，需要频繁添加导购微信或加入购物群，通过群消息获取直播时间，比较麻烦。同时，一些商场的直播平台以私域流量为主，大部分粉丝是商场的熟客，公域流量难以吸引进来，影响力有限	在技术方面，由于目前的直播仍处于起步阶段，硬件设备方面不够专业，直播设备差、直播环境嘈杂和下单付款手续烦琐都是普遍存在的问题	在主播方面，目前商场直播间的主播一般由品牌导购担任，以产品试用、讲解和与顾客互动等方式促成线上交易。但是主播话术不专业、对直播场控把握不到位等问题难以避免。而这些都直接影响到用户体验，最终导致带货效果不佳

图5-4　流量变现受到的制约

（二）品牌折扣成引流重点

对于超市直播而言，没有电商平台培养的头部主播，它们靠什么来吸引观众？答案是品牌和折扣。

比如，多点Dmall的直播数据显示：中百联合利华专场，观看人数为14140人，联合利华的品牌吸引力可见一斑；农夫山泉矿泉水（一箱28瓶，每瓶500毫升）的折扣力度接近5折，当天的观看人数为3720人，该单品的销量为2082单。

除品牌商品外，网红应季商品也颇受欢迎。

比如，多点Dmall的直播数据显示：在一场多点小龙虾专场直播活动中，当天17：30至18：30，北京物美半成品小龙虾销量为1019盒，较前一日同一时段的销量提升190.72%，该场直播的关联单品龙虾尾、酱牛肉、榴梿等销量也有大幅提升。

据悉，目前多点直播中的品牌折扣基本上由多点平台和品牌方共同承担。

与多点直播相类似，永旺超市的直播合作对象也都是知名品牌。

比如，在“永旺&宝洁大促专场直播”中，除宝洁的品牌吸引力外，直播间还给出了低至5折的秒杀价；“永旺日系网红化妆品直播专场”中，莎娜（SANA）豆乳系列给出了“满99元减30元”的口令优惠券。

与受到人气主播带动而进入直播间的观众不同，进入商场（超市）直播间的消费者大多是冲着品牌折扣来的，有着较强的购买欲望，因此销量会有大幅提高。

（三）商品和服务为核心

从短期来看，商场（超市）将更低的商品价格作为拓展流量的手段的确会为超市带来一定的流量。但从长远来看，如果商场（超市）想要将流量化为私域流量，还是要将商品和服务作为核心。

如今，直播无疑已经成为当下最热门的风口。而作为一种与直播紧密相连的营销方式，从本质上看，直播带货抓住的还是消费者心理，进而引导消费者购买。不过，现在多数商场（超市）还是直播界的新手，没有成熟流量的直播平台与专门的网红主播直播间，因此直播带货中的常用手段多为低价销售。

从效果来看，这种直播也为商场（超市）带来了一定的流量。因此，就短期而言，尝到甜头的商场（超市）也将会把直播常态化经营下去。不过，在瞬息万变的时代中，面临着同质化的商品竞争，如果商场（超市）仅仅依靠低价这样的常规手段，是难以获得爆发式增长的。而且，作为渠道零售商，直播带货仅仅是为品牌商搭台做嫁衣。况且，直播带货也不能单纯地为商场（超市）增加新的利润来源渠道。

目前，直播带货仅仅是商场（超市）摆脱顾客进店路径依赖和信息传播媒介依赖的一种尝试。对于商场（超市）来说，传统商场（超市）服务往往覆盖其周围3～5 公里的人群，因此它同电商平台也有着本质上的区别。而对于像盒马鲜生、苏宁、家乐福这类有互联网背景的企业来说，直播带货也帮助其拓宽了目标人群，并使其触及了更多消费者。因此，相比较而言，许多商场（超市）的线上环节仍旧比较薄弱。而对于这些商场（超市）来说，如果想要真正下好直播带货这步棋，就必须在线上平台搭建以及物流配送方面进行进一步的完善。

特别提示

直播卖货的底层逻辑是流量变现，能够以更低的成本打造一个不限空间的流量池，在此基础上实现商业化变现，这是直播的魅力所在。

对于超市来说，相对于销量，做直播的重点更应该放在流量平台的搭建上。

第六章　商场（超市）社群营销

·章前导引·

相对于传统的营销手段，社群的概念本身就是私域流量的一部分，社群营销本质是低成本引流新客户、快速建立彼此信任、提高弱关系的成交率、增加老客户或强关系的裂变。通过有价值的互动，建立强关系，提高群员的关注度和参与感。

第一节　社群营销概述

一、社群营销的含义

社群营销就是基于相同或相似的兴趣爱好，通过某种载体聚集人气，通过产品或服务满足群体需求而产生的商业形态。社群营销的载体不局限于微信，论坛、微博、QQ群，甚至线下的社区，都可以做社群营销。

二、社群营销的特点

社群营销具有如图6-1所示的特点。

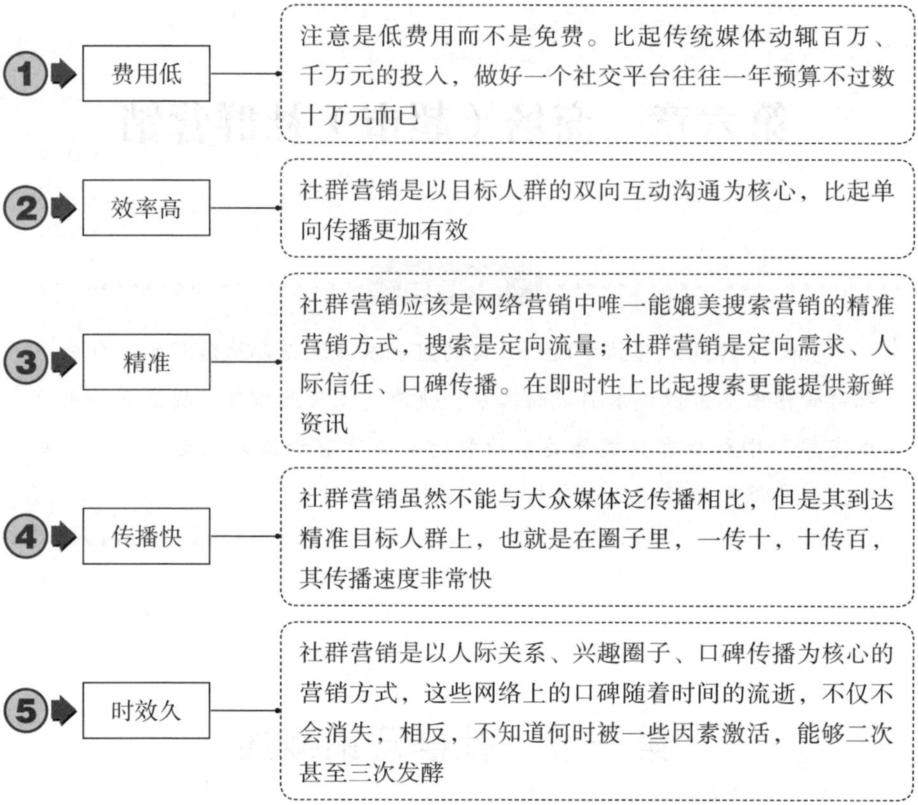

图6-1　社群营销的特点

三、社群营销于商场（超市）的益处

对于传统商场（超市）来说，社群营销可以带来如图6-2 所示的好处。

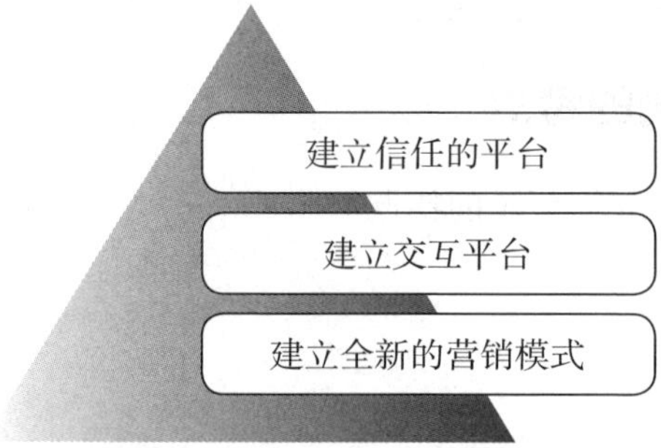

图6-2　社群营销的好处

（一）建立信任的平台

买家与卖家建立信任关系，销售商品自然不会有问题。商场（超市）形不成销量的关键原因是缺乏建立信任的关系。社群营销利用搭建的社群作为桥梁，为顾客与商场（超市）建立信任的平台，这样就为后期的销售做好了铺垫。

（二）建立交互平台

传统的商场（超市）销售商品总是单方向的，交易双方完成订单后，两者就没有关系了，那么后期的复购可能性比较随机。如果建立交互的平台，两者可以相互交流，情况就不一样了。

比如，顾客在商场（超市）的群里叙述自己使用的某件商品不好用，然后指出产品的一些毛病，这样商场（超市）就可以清晰地了解到客户的需求和偏好，给予新的推荐，这样就很容易形成订单，这就是交互带给商场（超市）的优势。

（三）建立全新的营销模式

大家在消费的时候，总是会关注商品质量和价格，这两者似乎存在着矛盾，质量与价格怎么统一？相信团购就是解决这个问题的完美方法之一。社群团购模式的建立，为客户提供高品质低价格的商品，赢得客户的满意。

现在的市场竞争压力很大，商场（超市）经营离不开客户流量。然而要想获得更多有效的客户流量，就需要借助一个平台来经营客户。社群营销就是为此而生，因此商场（超市）走社群营销之路是市场发展的必然趋势。

第二节　商场（超市）社群营销的要点

一、商场（超市）营销的策略

（一）用社群的方式做好顾客连接

从营销的角度讲：移动互联网对商场（超市）带来的最大影响是提供了以往所没有的连接顾客的有效工具。在没有移动互联网的时代，商场（超市）与顾客之间是失联关系，顾客购买完成离店之后，商场（超市）无法有效找到这些顾客，亦无法有效影响到这些顾客。这导致的结果是顾客不断流失，活跃度不断下降。

现在，商场（超市）可以借助移动互联网提供的连接手段，有效解决这一问题，也就是把与顾客之间的失联关系变成为一种实时连接的关系。通过这种实时连接的关系去有效激活顾客、有效影响目标价值顾客。

目前的移动互联网已经提供了多种连接顾客的有效手段：商场（超市）可以通过可App、小程序以及借助第三方连接平台，建立与目标顾客的注册连接；可以通过微信、微信群与你的目标顾客建立社交连接；还可以通过公众号等内容平台建立与目标顾客的内容连接。

其中，社群的连接是非常重要的一种连接方式。商场（超市）运用社群的这种圈层化的连接方式，可以产生交互的社交手段，形成非常有效的顾客连接。

（二）用社群的方式做好企业的营销传播

目前，很多商场（超市）在如何用社群的方式做好企业的品牌传播方面、营销传播方面重视不够，整体的传播手段、方式不多。新的移动互联网环境改变了以往商场（超市）的营销传播环境——新的移动化传播在逐步由大众传播手段转向小众化传播方式，由商场（超市）主导的传播转向社会化的传播方式，由自传播转向其他传播方式，由比较单一的传播方式转向更加丰富的传播方式。

在这个转换过程中，社群已经成为一个非常重要的传播平台。在当前的传播环境下，商场（超市）如何转换新的传播手段、传播方式推动企业品牌的更好传播、推动所有营销动作的更好转播，社群将会产生更重要的作用。

（三）用社群产生更大的卖货价值

目前一些商场（超市）很重视社群传播，但大多缺乏一个体系。社群可以卖货，但是社群的卖货与店的卖货逻辑存在差异。店的卖货是顾客自主的一种购买行为，社群环境下的卖货是可以产生裂变效应的从众行为、群体行为。

商场（超市）应实现“店+社群”的新零售模式。

（1）要用社群赋能店的卖货功能，使之产生更好的卖货效果。

（2）实现社群卖货，也就是可以超越店的品类界限、商圈界限，把品类做宽、把商圈做大，实现更好的卖货效果。

因此，要实现以上营销目标，需要商场（超市）围绕店+社群的新零售模式，实现企业经营理念、品类管理模式、采购模式、运营体系的系统化调整，建立店+

社群的新的商场（超市）营销体系。

二、社群营销的步骤

商场（超市）可按图6-3所示的步骤来运营营销社群。

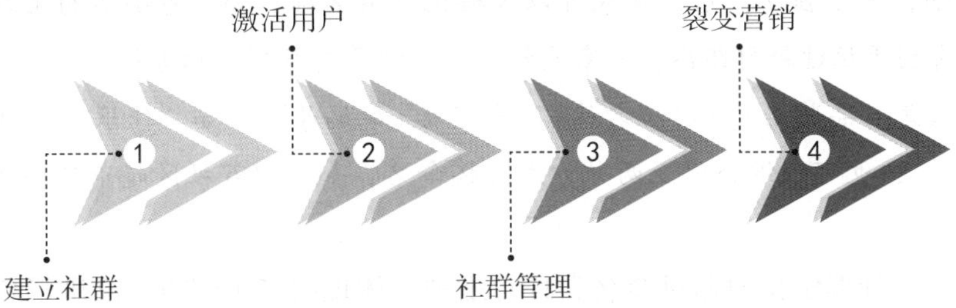

图6-3　营销社群的运营步骤

（一）建立社群

建好群是做好社群运营的重要基础。商场（超市）具备非常好的建群条件，本身已经有品牌背书，有一定的稳定客群。

1. 按顾客维度建相关的群

商场（超市）建群，不能是一个粗放的建群模式，也就是把所有人，不管其属性、消费能力、诉求点差异等都拉到一个群里，这样的群未来的运营会非常困难。

商场（超市）应该建立社群运营的矩阵，可以根据不同的顾客维度建立相关的群。可以区分以下维度。

（1）属性。男、女、年轻人、老年人，或者是行业属性。不同属性的人缺乏共同语言，没法儿在一个群里聊天。

比如，老年人的群要以健康、养生为主题。年轻人的群要以时尚、好玩、专业为主体。宝妈的群要以专业育儿为主体。

（2）消费能力。消费能力的差异直接决定了如何去运营群，并且这直接决定了未来的群怎样去做。如果把不同消费能力的人拉到一个群里是很难做好的。

比如，你不断推送一些品质商品，消费能力低的人就会感觉你卖的价格太高，如果你迁就低消费，需求能力强的消费者就会远离。

总之，针对不同的顾客属性，要建不同的群，确定不同的交流主题。

2. 社群定位

既然是社群，就一定要有一个群体定位，一个调性。物以类聚，人以群分。社群营销的思维模式就是找到一群同频的人。所谓的同频，就是共同的爱好、需求或相同属性的群体。而只有明确了社群定位，才能吸引同频的目标顾客入群、互动、长期停留和变现转化。社群定位的直接表现就是“社群命名”。

比如，一家独立门店，建议可以人格化社群名称，如“董小姐的生鲜店”这类昵称有利于拉近社群距离；一家连锁门店，就要对社群名称进行统一规划，常规命名方式是“品牌名称+门店名称+品类名称+群编号”，如“佳乐家TOP会员店生鲜1群”；也可以综合以上两种方式混搭命名，如“中百社区超市兄弟姐妹福利1群”。

总之，社群定位要通过命名和日常维护，体现商场（超市）品牌形象和品类特征。

3. 群员数量

群的人员数量的多少要根据实际情况确定，一般不要做大群，人数一般在200人左右最佳。不一定非要500人，关键是要把相同属性的人员拉到一起。

4. 建群的方法

建群的方法可以有多种，主要如图6-4所示。

方法一　扫描二维码入群，门店要设置一些便利顾客入群的方式，提供不同的群，方便顾客入群

方法一　店内员工推荐，推荐顾客入群要成为店内人员的主要动作

方法一　顾客推荐，最好是能达到这样的效果，这样能够产生更好的信任关系，能够产生更好的放大效果

图6-4　建群的方法

特别提示

商场（超市）特别要重视建好种子用户群，这样的群成员有非常重要的传播价值，并且在帮助到门店方面也有重要的价值。

（二）激活用户

建群后，在群的运营中，最重要的动作是如何去激活群的成员，也就是你的目标顾客，使群的成员能够产生高度的信任、高度的依赖，最终把这种信任与依赖转化到商场（超市）的实际经营中。具体而言，激活的目标就是：增加目标顾客的到店频次、活跃度，由周活变日活，甚至变成日三活。

那么，该如何激活群内的用户呢？可参考如图6–5所示的七大法则。

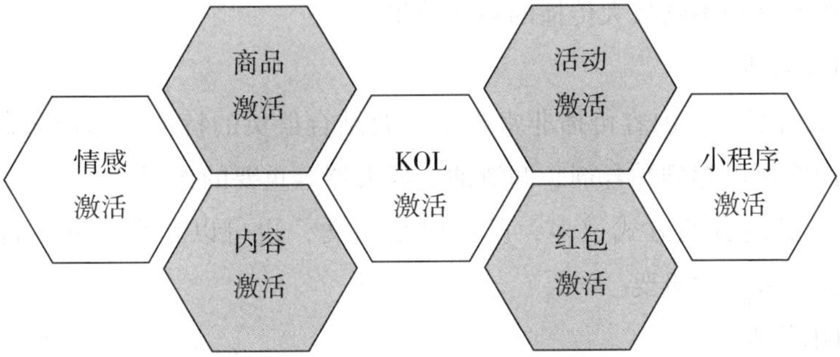

图6–5　激活用户的七大法则

1. 情感激活

群一定是一个讲情感的空间，群将在很大程度上弥补商场（超市）与目标顾客之间的情感连接，有效地解决商场（超市）这个无情感主体的“法人”与情感丰富的自然人的情感连接。

群要讲情感，用情感去连接目标顾客。在群的环境下，要用情感拉近商场（超市）与目标之间的社交距离问题。如果不讲情感，还是一种“硬邦邦”的卖货关系，就失去了做群的重要意义。

2. 商品激活

商场（超市）做社群，最终一定要与自身的商品经营紧密结合。群适合选择什么样的商品，适合推送什么样的商品信息？一定要结合群的特征：如何产生话题感、如何产生成员共鸣、如何产生引爆的效果。

群推送的商品不能是简单的商品选择，也不能是只靠价格手段的信息分发。商品选择很重要，最好的商品选择目标是：新、奇、特+内容。商品不仅要具备如图6–6所示的“三新”特征，还要具备一定的独特性。

图6-6　群推送商品的特征

商场（超市）还要把商品与有关的内容和传播方式相结合：一是用内容赋予商品更多的价值增值，二是用不同的传播手段（小视频）提升商品的关注度，使之能够产生激活与不断放大传播的最佳效果。

3. 内容激活

要想激活群员，内容传播非常重要。要结合群员的特征，选择适合的传播内容。好的内容可以起到黏合剂、润滑油、放大器等重要的作用。

目前，做内容的方式很多，既可以是图文，也可以是小视频。特别是小视频，其传播效果非常重要。

4. KOL激活

KOL营销泛指有KOL参与的社会化媒体营销传播行为，兼具群体传播和大众传播的传播优势，其营销价值也受到市场的认可。

商场（超市）在社群营销中心要高度重视KOL的价值，要结合社群运营培养自己的KOL——美食达人、吃货、育儿专家、养生专家、运动专家，使他们在社群中逐步发挥重要的作用。要用好门店商圈周边KOL——广场舞的召集人、健身教练、跆拳道教练、高级月嫂、知名厨师等，使他们与你的社群运营紧密结合，发挥好他们的价值。

5. 活动激活

商场（超市）要不断组织各种创新活动，包括社群当中的活动和各种线下活动。商场（超市）要特别结合有门店的这一突出优势，把社群运营与到店活动相结合，发挥好“店+社群”的优势。要结合社群成员的特点，组织一些有价值的体验活动，如品牌体验、采摘活动、亲子活动等，发挥激活成员、拉近距离的重要价值。

6. 红包激活

红包是微信平台设置的一个重要的激活群员的功能，商场（超市）要科学有效地用好红包这一重要手段——什么群适合发红包，什么时间发，发多少？必须设计一套规则。特别是要结合群的实际，把红包激活与强化群员关系紧密结合。

特别提示

在营销的环境下，任何的动作都必须有明确的目的性。发红包也一样。

7. 小程序激活

商场（超市）要从建立连接开始，通过小程序实现与目标顾客在线化连接的目标，把小程序变成连接顾客的主要手段。连接以后如何导入相关的营销动作，商场（超市）需要配置适当的在线化营销平台。这种在线化的营销平台可以发挥更多的满足企业在线交易、对接第三方到家平台、在线化的营销等功能价值。

（三）社群管理

群是一个非常松散的组织，要做好群必须有一套完整的管理规则，要由专人管理（没有专人管理的群非常容易陷于混乱）。

1. 选好群主

通过观察很多的群管理，可以得出这样的一个观点：不是所有人都会管群。很多人不具备这种社交管理的能力，有很多店长也不会管群。具体来说，群主要应具备如图6-7所示的能力。

图6-7　群主应具有的能力

另外，商场（超市）要对群主登记备案；在管理形式上也要建立群主群，方便活动方案、预热、政策、指令、培训等信息的发布和交流；要研究群主的奖励机制和带货分成政策。

2. 建立群规则

没有规则的群肯定做不好。群要确定主题，群的交流要围绕主题展开，尽量不要偏离群的主题，更不能违反国家的法律法规。

3. 定期调整

商场（超市）的群要定期调整，具体方法如图6-8所示。

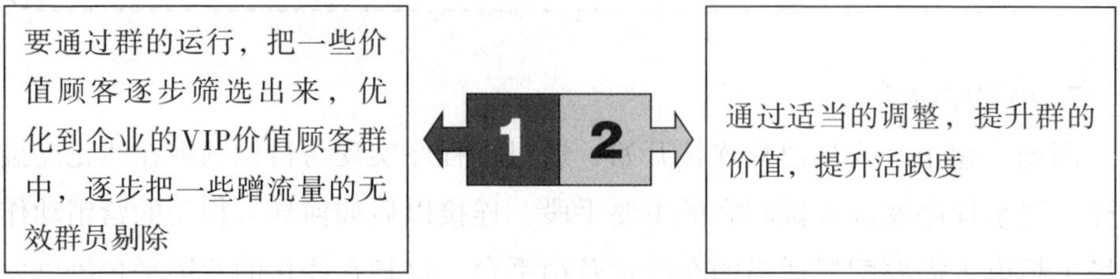

图6-8　定期调整群的方法

（四）裂变营销

社群要持续发展，一定要靠会员裂变会员，还可以做社群裂变。社群裂变的几种方法和建议如下。

1. 矩阵式营销

通过建立微信公众号矩阵、抖音小视频矩阵等将所有连锁门店的平台资源串联互动，但要注意形象设计的标准化和一致性，需要持续向顾客传递相同信息。

2. 线下为线上引流

用线下品牌/新品发布会，线下培训等模式向线上引流，其流程如图6-9所示。

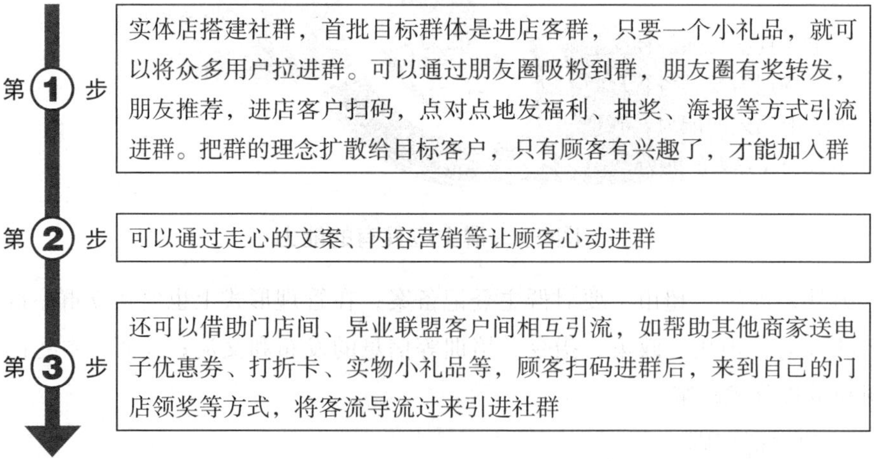

图6-9　线下为线上引流的流程

比如，某超市在三八节前夕策划了“3·8会员积分狂欢节”的活动，噱头就是用100积分换取心动的礼品或优惠券，比如餐饮代金券、洗车卡、加油卡、电影票等。

商场（超市）还可以与多种业态或者异业商户进行合作，如百货、购物中心、建材家居生活广场、家电专业店、餐饮、娱乐、便利店、社区生活超市、加油站、电影院等，采取积分互换，相互引流的模式，不仅可以消耗会员顾客年度会员积分，还可以不同业态实现目标顾客的互通，如果方案制订得好，奖品有吸引力，异业之间配合执行到位，这种引流模式是值得长期推广的。

3.“关键人物”催化

畅销书《引爆点》中有个核心观点：流行潮能否发生，取决于时间、地点和条件，而个别人物对一个营销事件中的加快传播具有关键性的推动作用，这个个别人物就是所谓的“关键人物”。

比如“老乡鸡”营销事件，抛开“疫情”和节点因素，其董事长束从轩作为“关键人物”真人出镜，是“老乡鸡”品牌裂变吸粉最有诚意的表达和最关键因素。

4. 慎用裂变工具

尽管社群裂变有“爆汁、任务宝、建群宝”等各种各样的小工具，但对传统商场（超市）而言，一开始不建议使用这些套路工具。因为商场（超市）实体门店和千万员工是对消费者最大的背书，依托线下引流，也是有诚意的表现，一定不能让小工具打扰顾客，影响顾客好的社群营销体验。

三、社群营销的技巧

商场（超市）可以采取如图6–10 所示的技巧来做好社群营销。

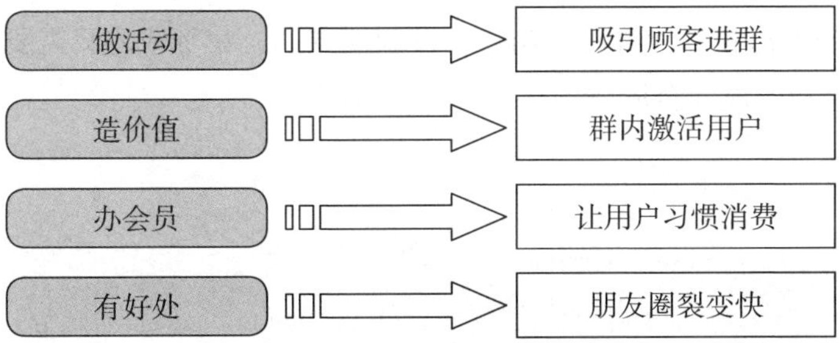

图6–10　社群营销的技巧

（一）做活动，吸引顾客进群

商场（超市）可以设计一个超低价的引流产品，这个产品必须是刚需，而且其价格是众所周知的。

比如，1 袋鸡蛋（5 个）只要1 块钱，前提是扫码进群，或扫码添加商场（超市）客服号，再拉进群。活动一定要做传单，并广泛地撒出去，尤其是要在女性比较多的场所撒出去。

（二）造价值，群内激活用户

顾客都进群了，自然要给顾客好处，才能留住顾客。这个好处怎么给呢？

（1）定时发红包。可在群里通知每天几点发红包，自然一到点就会有人在，而且会吸引用户拉好友进来抢，自动裂变。发完红包后，还要引导顾客互动。

（2）给最佳手气者送礼。每天给最佳手气者或者前三名都设置一个福利，这个福利必须是到店领取。

（3）设置拼团、秒杀等各种活动，只要能引起顾客的兴趣就行。

（三）办会员，让用户习惯消费

锁住用户最好的办法就是让其充值办会员卡，让其习惯在这里消费。那么，如何让用户成为会员呢？

（1） 设置差价。同一商品设置会员价和正常价，且价格要有明显的区别，让用户产生会员优势心理，以此吸引用户办卡。

（2）设置门槛。充值多少送多少，还能成为会员，每单都有特价，甚至有一些会员专享商品。当然，除了送钱给会员，也可以在此进行裂变。

（四）有好处，朋友圈裂变快

做一张裂变海报，让群里的用户转发到朋友圈，集赞或者只需要转发，便可以享受会员特权，成为会员。

第七章　商场（超市）会员营销

·章前导引·

会员制营销如今已被各类零售业态广泛运用，商场（超市）实施会员制营销是稳定自己的客户群、提高客户忠诚度、实施客户关系管理的重要手段。

第一节　会员制营销概述

商场（超市）启动会员营销，借助各种手段，如优惠、特权、积分等鼓励客户成为会员，基于大数据追踪，记录消费者的互动行为数据；与ERP、收银系统、销售终端打通记录他们的消费行为数据，从而更深入地理解他们的需求和喜好，进行精细化、个性化会员营销。这种营销模式有助于提高客户的忠诚度，增加购买频率，提高客户的生命周期价值。

一、什么是会员营销

会员营销是商场（超市）以会员的形式开发客户，提供差异化服务和精准营销，提高客户忠诚度和回报率，增加长期利润；通过发行会员卡，会员可以享受会员的专属权益，从而快速拓展客源，绑定忠诚客户，深度挖掘客户价值。会员营销与传统营销方式在操作思路和理念上有诸多不同。

比如，某商场会员卡办理标准是单日内在商场消费满500元，凭收据和本人身份证就可免费办理会员卡一张。凭会员卡可以部分商品享受9折优惠。在一些商场活动中可以优先享受优惠，平时购物可以积分，超市购物2元1分，电器、服装、化妆品1元1分，烟酒1元5分，某些节假日可根据商场规定的专柜或特殊商品享受双倍积分，累计的积分可以在每年年终返为电子礼券进行再度消费，1000分兑换8元，也可以不兑换钱而是领取奖品。

会员营销可以包括以下活动：通过会员特权吸引新会员，通过特定的会员活动提高会员的购买频率，通过分析会员的购物数据进行个性化推荐，通过会员积分系统鼓励会员消费等。

二、会员营销的好处

会员营销是一种基于会员个体的营销方法，商家通过将普通顾客变为会员，分析会员消费信息，挖掘顾客的后续消费力汲取终身消费价值，并通过客户转介绍（口碑传播）等方式，将一个客户的价值实现最大化。具体来说，会员营销具有如图7-1 所示的好处。

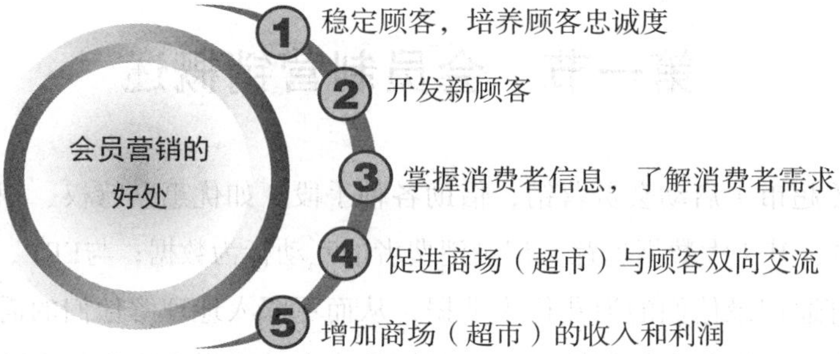

图7-1　会员营销的好处

（一）稳定顾客，培养顾客忠诚度

会员制的根本目标就在于建立稳定的消费者资源，与顾客建立稳定的长久的关系。商场（超市）提供会员制服务，可以锁定目标顾客群，保证拥有一定数量的客源，为商场（超市）带来稳定的销售收入；而且商场（超市）通过与顾客之间建立良好的关系，可以使顾客产生归属感，从而培养顾客的忠诚度，降低开发新顾客的成本，提升商场（超市）的竞争优势，树立企业品牌。

（二）开发新顾客

由于实施会员制的企业普遍具有比同行业更优惠的价格，因此其对新顾客的吸引力很大。此外，大部分会员卡是允许外借的，因此这也给新顾客提供了机会，大大增加了其成为会员的可能性。

（三）掌握消费者信息，了解消费者需求

一般来说，商场（超市）在消费者申请会员卡时要求其填写个人资料，这对商场（超市）来说，可以收集到大量会员的基本情况和消费信息。商场（超市）可以明确自己的消费群体，掌握和了解企业顾客群的特点，有利于进行消费分析。同时，会员制提供了商场（超市）与顾客的沟通渠道，便于商场（超市）及时了解消费者的需求变化，为改进商场（超市）的经营和服务提供客观依据。

（四）促进商场（超市）与顾客双向交流

顾客成为会员后，通常能定期收到商场（超市）有关新商品的信息并了解商品信息和商家动态，有针对性地选购商品。除此之外，商场（超市）能够及时了解顾客需求的变化，以及他们对产品、服务等方面的意见，为改进商场（超市）的营销模式提供依据。

（五）增加商场（超市）的收入和利润

会员消费是商场（超市）扩大市场份额的重要支柱，并成为商场（超市）收入和利润新的增长点。同时，对于一部分收费式会员制，在达到一定规模的情况下，能够使企业在短时间内拥有大量可支配资金，并获得可观的会费收入。

三、会员营销的步骤

一个成功的店铺会员管理机制需要经过如图7-2所示的五个步骤。

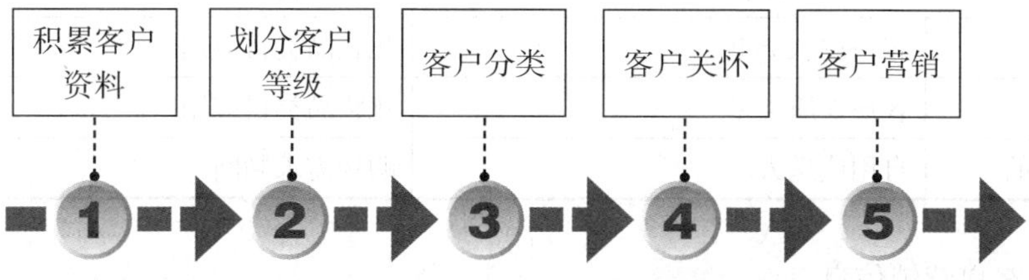

图7-2 会员营销的操作步骤

（一）积累客户资料

积累客户资料是会员管理的第一步，根据资料可以将客户的信息划分为客户基础信息、客户特性信息和客户营销信息。

1. 客户基础信息

基础信息主要是客户所处的地区、手机号、E-mail、是否成交、评价内容以及在该店的会员级别，这类信息有助于店铺了解该客户是否和店铺的定位、品牌调性相匹配，进而判断其是否为潜在老客户。具体内容如表7-1所示。

表7-1 客户基础信息

基础信息	内容	作用
地区	如北京、上海、深圳等地区	了解客户所在地气候、时尚、人文等环境因素
手机号	收件人号码、付款人号码等	会员联络、通知
E-mail	客户邮箱	会员联络、通知
客户类型	是否为成交客户	
客户评价	中差评及评价内容	客户的关怀维护
会员级别	店铺的会员级别	客户的会员服务内容

2. 客户特性信息

特性信息是指客户的特征，如身高、三围、发质、肤质，可以应用到店铺产品的开发和营销中。具体内容如表7-2所示。

表7-2 客户特性信息

特性信息	内容	作用
身高	客户的身高	服装类目应用
三围	客户的三围信息	服装类目应用
肤质	客户皮肤类型	化妆品类目应用
发质	客户发质类型	化妆品类目应用
目的	自用或送人	购物需求判断

3. 客户营销信息

营销信息与客户的具体购买行为挂钩，可以从消费金额到消费周期以及是否参与优惠活动中判断出客户的购买行为特征。具体内容如表7-3所示。

表7-3　客户营销信息

隐私信息	内容	作用
付款时间	最后一次付款时间	客户购物时间判断依据
购物周期	客户多久回购一次	客户营销周期判断依据
金额	消费金额	客户消费能力判断依据
订单信息	客户的购物商品选择	客户的购物信息依据
优惠券	客户是否持有店铺优惠券	优惠券营销依据
营销反馈	客户接受店铺的营销反馈	客户再次营销的判断依据
消耗周期	客户购买商品的使用进度	客户维护及营销的依据

（二）划分客户等级

划分客户等级的方法有很多。

比如，可以根据顾客是否发生购买行为，将其分为订购客户和非订购客户；也可以根据客户的购买次数、购买金额，将订购客户分为普通会员、高级会员、VIP会员和至尊VIP会员。

鉴于会员层级不同，可以设置差异化的会员策略，借此刺激会员向更高层级会员前进。最常见的策略有等级名称差异化和等级条件可控化，前者如将会员名划分为猪小兵、猪团长、猪司令，后者则根据会员活跃度升降会员等级，不定期设置活动。此外，还可以在产品、服务以及价格上采取等级特权差异化。

（三）客户分类

可以结合客户的交易周期和交易特征，进行客户分类，进一步将客户划分为新客户（高客单）、新客户（低客单）、忠诚客户、活跃客户、预流失客户（高客单）、流失客户、休眠客户。

下面是××商场对会员进行分类的依据，具体如表7-4所示。

表7-4　客户分类明细

客户分类	分类条件说明	分类意义
新客户（高客单）	30天内第一次在本商场购物的客户；客户在本商场只购物过一次；客户的单笔订单价格≥500元	筛选出最近在本店购买过商品的客户，且这些客户对商品价格敏感度较低，更在意质量和服务

续表

客户分类	分类条件说明	分类意义
新客户（低客单）	30天内第一次在本商场购物的客户；客户在本商场只购物过一次；客户的单笔订单价格<500元	筛选出最近在本商场购买过商品的客户，且这些客户对商品价格敏感度较高，喜欢低价商品
忠诚客户	7~45天内在本商场购物超过3次	客户近期购买过本商场商品，且经常在本商场消费，是本商场的忠诚客户
活跃客户	7~45天内在本商场购物2~3次	客户在近期购买过本商场商品，且这些客户在本商场消费过2~3次，有可能成为忠诚客户
预流失客户（高客单）	45~90天内在本商场购物过的客户，且客户平均每单价格≥500元	客户可能正准备在本商场再次购买，或者客户可能快忘记本商场，且这些客户价格敏感度低
流失客户	90~365天内在本商场有过购物的客户	客户可能最近没有购买过本商场商品或在别家购买了商品，客户正在忘记本商场
休眠客户	最后一次购物在一年前的客户	客户可能最近没有购买过本商场商品或在别家购买了商品，客户已经忘记本商场

（四）客户关怀

客户关怀是指会员在下单后，和客户核对商品信息、协助客户付款、帮助客户送货上门、做好售后服务等一系列工作。

（五）客户营销

客户营销是会员管理的最后一步，也是最重要的一步。目前，店铺营销一般采用短信、电子邮件、电话、礼品赠送等方式。

（1）短信凭借低成本以及顾客查看的高频率成为最常采用的方法，但其整体转化率偏低，需要根据具体活动力度来实行。

（2）在电子邮件营销中，客户可以直接点击页面，因而转化率较高，但是客户主动查看的概率并不高。

（3）营销准确率和转化率非常高，然而其成本也最高；礼品赠送是客户最喜欢的营销方式，但在礼品的选择上要注意控制成本。

拓展阅读

连锁超市如何玩转会员营销

连锁超市因具有网络优势、成本优势、品牌优势、售后服务等优势而备受消费者青睐。对于连锁超市而言，不仅仅是单店会员制，其更应该具有“大会员制”的概念和优势，对于连锁超市不仅仅要让连锁品牌既连又锁，更应该让整个体系的会员既连又锁，这样才能保证企业经营效益的稳定提升。

连锁超市会员制营销方案制订要从以下六方面着手。

1. 根据企业的品牌定位和战略定位，制定科学的会员体系

市场日趋成熟，竞争日益激烈，企业的竞争策略应该由原来的价格战和广告战转换为服务战、增值战，会员制营销就是最好的体现；通过会员平台，创造跟顾客联系、沟通、参与、感动顾客、软性宣传等机会，让顾客养成品牌习惯和依赖，进而产生品牌归属感。

会员卡销售是一个全面、综合的营销活动，事先需有一个清晰的目标、所能提供的服务项目和费用预算。企业必须清楚地认识到，消费者因一时被打动而加入会员组织后，把会员卡往钱夹里一塞就了事绝对是会员卡销售的失败。会员的加入仅仅是个开始，让会员投身进来，主动参与才是根本。这就要求我们具有全面科学、量体裁衣、独特新奇的会员体系和增值服务；我们将会员卡销售纳入企业整体营销战略之中，无论在会员招募、会员管理方面，还是在促销宣传、联谊活动等方面，每一项活动之初企业都应做充分的预算和规划，设计一套完整全面的营销方案。

会员体系的设计一定要注意跟企业、顾客结合，如设计和制定会员类型时，根据细分市场的顾客属性（年龄、消费级别、行业属性等），设计相应的会员类别，主要考虑的两个要素是心理认可度和有效阶梯性。一般会员制最后发展统计图应该是菱形，两头尖，中间大，因为中间的会员级别属于主要的会员类型，也就是你最想要发展成会员资格的人，下面是门槛级，上面是品牌标示级，主要是为了衬托中间会员级别的品牌性和性价比。另外，各级别之间的阶梯度十分关键，如果级别太密，服务、折扣、积分拉不开，体现不出优势，而且如果会员升级难度太大，消费者就会放弃消费升级。按照心理学分析，一般高于基本心理承受线的20%时，属于消费者愿意尝试范围，所以心理认可度和有效阶梯性是在进行会员类型设计时很关键的两个要素。

2. 做好会员增值服务的连续性

有些品牌在增值服务中也想了很多新奇的点子，如生辰俱乐部、血型座谈、亲子教育、家庭竞赛、妈妈秀等，但是很多活动没有全盘计划，会员经常是被临时通知，让会员感觉不到系统性，没有稳定感和自我把控感。如此一来，会员的参与性和关注点就会大打折扣。我们之所以进行会员制，就是用这个平台提供跟顾客重复见面和沟通的机会，让我们的品牌不断在他们脑海中加深记忆，让他们对我们的活动和品牌产生习惯和依赖。所以我们常规的活动模块和举办时间应该是固定的，会员中心也应该在前年度末就将下年度会员服务制定出来并告知会员，让会员能感受到我们全年丰富的增值活动，提前感受收获感、增强期望值和忠诚度（当然偶尔可设计1～2次惊喜，让会员感觉到意外）。主题活动在设计中应该环环相扣，不仅是能够围绕企业，更应该是上下活动之间有阶梯和扣点，让会员一参加本次活动就对下次活动产生期待；虽然这属于增值服务，当然在部分活动中也会有润物细无声的销售，不过如果是纯答谢会，就不要显得太功利，否则会适得其反。

3. 让会员活动参与性更强

会员活动不是表演秀，而是一种情感体验和升华的营销，所以活动要注重参与性，有时候用大牌明星演出还不及一个会员拓展来得记忆犹新。很多会员更多的需求是交友平台和商务平台，我们的责任就是搭建和维护这个平台，比如为留住客户，我们可以建立一个完善的企业客户网，这既是非常可行的，也是非常必要的，这个企业客户网其实也是通过会员卡系统进行客户关系管理的衍生物。

4. 让会员的增值更量化

会员的增值活动不仅仅要做，更重要的要让增值量化，从而产生消费攀登，比如我们很多人有超市会员卡，但是很少去刷，更别说积分多少，因为在会员心目中，这个积分返还太远，也太虚，不知道会是什么，心中没有概念，就如现金100元的5%和现金5元，一定是后者让顾客的感受更直接。所以我们应该将增值服务定期量化给会员，如CRM系统统计顾客平均每星期消费500元，我们会在系统提醒会员：尊敬的××会员，您好，感谢您一直以来对我们的厚爱，温馨提示：您目前每个星期平均消费500元，现积分××分，如继续常规消费，一年将获得积分××分，年底可直接换取价值200元物品一个（产品任意选择），如果每个星期消费800元，一年将获得积分××分，年底可直接换取价值500元物品一个（产品任意选择），祝愿你购物愉快！”我们的会员收到短信是不是会感觉消费目标更明确、心里更踏实呢？

5. 建立完善的CRM体系

建立完善的CRM系统是企业顾客管理、个性化服务、营销设计的关键。企业需要建立详细的会员信息库，包括消费者性别、年龄、职业、月平均收入、性格偏好、受教育程度、居住范围等，也包括消费记录信息，并将会员此次消费商品的品牌、型号、价格、数量、消费时间等信息都记录下来，为企业以后的增值服务提供可靠的信息。企业也可以根据会员消费者的消费历史记录进行分析，得出每位消费者不同的消费偏好，并根据消费者消费时间的记录，分析消费者消费某一商品的周期。由此企业可以在合适的时间给会员消费者寄去符合其消费个性的商品目录，从而进行非常有效的广告宣传，或者直接在合适的时间将某种商品送到合适的会员消费者手中。这样可以让消费者感觉到企业时时刻刻都在关心消费者，真正建立起消费者与企业之间的感情。

同时这些数据库也是我们企业进行新品开发、广告策划、营销策划、客户分析的关键依据。

6. 战略联盟，升级会员体系

现在激烈竞争的市场不是你争我抢，而是已经进入了共享和合作时代。连锁不就是最好的例子吗？当初很多连锁店要求一个城市就一个，后来发现一个城市只要不超过商圈，不形成内部竞争，几个连锁店并存，销售额不仅不受影响，反而都有提升，这跟店多隆市、资源共享完全分不开。

我们的连锁超市具有品牌共享和网络共享的优势，连锁品牌全国会员可以享受总部服务+单店服务的结构模式，总部会员中心统一做大型活动，单店做常规辅助性增值服务；连锁品牌会员卡应该全国通用，全国联网的单店也可以实行会员储值卡消费共享，总部统一进行月结算即可。这种便利性的增值服务是非连锁企业不具有的，属于核心会员优势。

另外，现在消费者手中拥有多种名目的会员卡，其实给消费者的消费带来了很多不便。可尝试将不同行业的企业的会员卡合并起来，为会员提供服务。会员只要是其中一家企业的会员就可以使会员卡在不同行业的指定公司享受会员服务。一来方便会员和增值；二来减少企业会员投资；三来可尝试整合会员资源；合并会员卡系统，可以非常方便地使多个企业共享市场、共享消费者。多个企业发展客户比起一个企业发展客户来说要更全面，企业可以拥有更多的潜在消费群体的相关信息，合并会员卡系统，可以非常方便地使会员在不同的企业享受会员待遇，而且可以接受多个企业全方位的、人性化的服务或帮助。消费者可以非常轻松地完成相关的一系列消费活动，同时拥有一个好的心情。

四、会员营销的策略

商场（超市）实施会员制营销，对消费者最大的吸引力就在于有独特的商品、超值的服务和有一种身份和地位的象征。针对现在各商场（超市）经营商品雷同、价格无差异、服务无差异、会员与非会员身份也没有明显差别的情况，应采取如图7-3所示的策略来发挥会员制的优势。

1. 不断挖掘会员信息中的价值，为会员制营销策略服务
2. 制定有吸引力的消费奖励机制，对会员实行多种优惠
3. 提供针对会员的特别服务，不断提升会员卡的附加值
4. 进行差异化经营与定位，培育在某个大品类的核心竞争力及优势

图7-3　会员营销的策略

（一）不断挖掘会员信息中的价值，为会员制营销策略服务

商场（超市）实施会员制营销，有机会收集到大量的消费者一手资料，包括入会时消费者填写的性别、年龄、地址、月平均收入、性格偏好、受教育程度、职业等，以及消费者在购物时，消费商品的品牌、型号、价格、数量、消费时间等信息，这些信息对决策层针对消费者进行分析以及为消费者提供有效的增值服务都具有指导性作用，同时对这些信息进行分析、整理、挖掘，向会员提供全方位的服务，对会员实施个性化、人性化的管理，可以最大限度地满足会员的需求。

（二）制定有吸引力的消费奖励机制，对会员实行多种优惠

会员卡积分的目的通常都是获得相应的赠品或是转换成购物券，然而这些赠品往往含金量低，如一斤鸡蛋、一袋洗衣粉、一个电饭锅等，而获得这些微不足道的赠品，客户却需要消费三位数以上，甚至更多。而会员与会员之间也没有任何区别，所享受的折扣和积分规则完全一样。

因此，商场（超市）首先应该根据消费者的消费金额按ABC等级进行高度细分，对不同的客户在积分规则、积分的礼品、购物享受的折扣方面区别对待，消费金额越多、越持久的客户应该享受更多的优惠。

同时，为会员提供多重优惠。

（1）当会员持卡购物时，对于商场（超市）中已经打折的商品可以用会员卡在此基础上享受二次折扣。

（2）推出卡友独享优惠，即专门的会员价和会员日优惠，只有持卡会员才能享有；推出会员专属商品优惠，挑选一些有吸引力的商品，只有持卡会员才能以低价购买这些商品。

只要消费者不断在商场（超市）消费就可以让会员卡升级，就可以获得更大的折扣优势和积分优势，就可以享有更多的优惠，这样就会刺激消费者不断消费，这对商场和消费者都有利，商场（超市）也会因此而留住自己的忠诚客户，真正积累自己的客户资源。

（三）提供针对会员的特别服务，不断提升会员卡的附加值

随着消费水平的提高，消费者的消费观念也发生了很大的变化，他们消费的需求已经不仅是以最低的价格买到尽可能好的商品，而且希望消费过程中得到企

业的尊重、认可，获得更加个性化、更加舒适的服务，更好地享受购物过程带来的乐趣，以达到心理上的满足。对于会员，这种观念也更加明显，他们需要在购物时得到商场（超市）对他们更好的、与非会员有明显区别的服务和特别待遇，在心里感受到自己作为会员的尊贵感。

（1）商场（超市）应该提高总体的服务水平，对员工进行培训，员工要做到态度要好、行为规范、提供服务要有效率，这是一切工作的前提，不应该只看到利益而忽视对服务水平的提升。高水平的服务，不管对于一般消费者还是会员消费者而言都非常重要。

（2）商场（超市）内设置专门的会员休息区，由专职人员管理，提供茶水、报纸杂志、电脑、沙发等设施，拥有会员卡的会员消费者可以出示会员卡到休息区休息以缓解购物疲劳。

（3）商场（超市）收银处设立一定数量的会员专用收银台，当节假日消费者较多排队结账时，会员消费者可以到会员专用收银台结账，使会员减少排队等待的时间。

（4）消费者需要的商品类型或型号商场暂时没有时，会员消费者可以对商品进行优先订货。

（5）对驾车购物的会员消费者，凭会员卡享有优先及免费使用车位的权利，同时商场（超市）为会员消费者提供低价格的洗车服务。

（四）进行差异化经营与定位，培育在某个大品类的核心竞争力及优势

调查发现，会员卡对消费者失去吸引力的一个重要原因就是各商场（超市）之间经营的商品都大同小异，在这个商场（超市）能买到的商品，在别的商场也能买到，随处可见的商场（超市），相差无几的价格，大同小异的商品使会员觉得只不过是换个环境购物，并没有特殊的商品和服务真正吸引他们忠诚于某个商场（超市）。

因此，商场（超市）应加强对商品的管理，提供同类竞争商场没有的、对消费者真正有吸引力的商品，大力引进品质好、价格优的商品；同时，可以邀请有代表性的会员，参加产品的设计或者商品的引进讨论，这样一来，商场（超市）的商品引进计划才能更加符合目标消费者的需求，也能够让会员产生信赖和归属感；商场（超市）还应加大自有品牌商品开发力度，自有品牌商品既是商场（超市）提高自身竞争力的有效手段，也是吸引会员消费的有力武器。

第二节　商场（超市）会员营销的要点

一、引入会员管理系统

会员管理是对商场（超市）会员基本资料、消费、积分、储值、促销和优惠政策进行信息管理，达到商场（超市）和客户随时保持良好的联系，从而让客户重复消费，提高客户忠诚度，实现业绩增长的目的。要做好会员管理，引入会员管理系统就显得无比重要。

（一）会员管理系统的功用

1. 增加会员数量

会员制管理的基础就是会员，所以可以通过商场（超市）的工作人员软件开卡登记，也可以开通微信会员功能，让顾客扫码关注公众号自行申请会员。为了吸引顾客主动成为会员，可以设置会员优惠政策，如开卡送储值、送积分、消费后获得积分可以用来抵现消费等营销点来吸引顾客。大量的会员是商场（超市）后续开展营销的基础，所以要认真对待会员登记这一步骤。

2. 提高客户忠诚度

提高客户的忠诚度是商场（超市）开展会员营销的主要目的之一，而商场（超市）可以通过会员管理软件来设置不同的会员等级，比如普通、白银、黄金等，会员等级越高，享受的优惠就越丰富，而且当会员的消费额度达到一定标准时，就会自动升级至下一个等级，而会员为了享受更高等级的优惠，就会不断地进店消费，只要商场（超市）能为他们提供优质的产品与服务，客户的忠诚度自然就会提高。

3. 提升商场（超市）的口碑

如果商场（超市）能在店内建立一个科学合理的会员管理制度与会员营销机制，就能更直观了当地掌握到店内会员的消费需求，从而制订出更为精准的会员营销方案，刺激会员的消费欲望，只要商场（超市）能够更好地满足消费者，不但会收获一个忠诚度较高的会员，而且口碑会更好。

（二）会员管理系统的功能模块

会员管理系统的功能模块通常如表7–5所示。

表7–5　会员管理系统的功能模块

序号	功能		说明
1	会员管理	会员信息	顾客注册成为会员后，系统自动记录个人信息与消费信息。例如，姓名、性别、年龄、生日、住址、手机号、注册时间、会员等级、消费次数、消费金额、消费频率、消费门店、消费时间、优惠金额、兑换记录等
		会员等级	根据客户等级分为普通、中级、高级三类会员，不同的会员设置不同的消费优惠、提供差异化的服务
		会员消费	根据会员消费赠送优惠奖励，所有奖励均可用于第二次消费或者积分兑换，可以带动客流以及二次消费。或者限时秒杀、抽奖活动、买立减、赠送促销等
		会员储值	储值优惠规则随意设置，支持储值时奖励储值金、积分或电子优惠券，会员储值时，系统按储值额自动计算奖励并发放到卡内。会员在会员卡上储值，可以多次享受一些小优惠，如扫码领取小礼物，或者消费折扣，还可以通过卡券、现金券等方式返还给顾客等
		会员关怀	在节假日、生日等节点，对会员致以问候，并推送优惠信息、新品信息，可以设定推送周期、推送时间，根据会员等级进行精准推送
2	精准营销		根据会员的资料、消费行为、习惯等因素自由筛选会员群体，区分出优质会员、客单价待提高会员、消费频次待提高会员、不良会员等，进而制定精准促销活动，并在活动结束后配有清晰的活动分析报告
3	积分营销		积分发放灵活，支持不同等级的会员不同积分奖励，会员消费时，系统按消费额自动计算奖励并发放到卡内。积分用法多样，支持积分抵现、积分兑换礼品、积分兑换电子优惠券，充分发挥积分黏性作用，促使会员重复消费
4	电子优惠券		会员卡内可以存储电子优惠券，会员消费时系统自动识别优惠券的类型、面值、有效期和其他使用限制
5	数据分析		全面地统计会员的新增、交易情况以及积分、预存、电子优惠券的发放使用情况等

续表

序号	功能	说明
6	系统监控	可将在某些时间段、交易金额大、交易频次高等情况设置为异常交易行为，设置后系统自动监测，当此类交易发生时，系统自动发出短信通知和系统公告，确保无风险产生

二、会员权益设计

（一）积分累积和兑换

商场（超市）会员积分是会员权益最基础也是最重要的组成部分。会员的价值不只是通过购买商品，为商场（超市）创造价值，还包括他们的社交价值和互动价值，通过积分鼓励会员分享裂变、以旧拉新、参与商场（超市）会员活动。所以，积分系统不但包括消费积分，还包括会员互动的积分。

1. 互动积分

会员互动积分有多种形式，如会员阅读、会员点赞、会员发布购物体验、会员拉新、会员晋级等行为中都会有积分奖励机制。

2. 会员消费积分

商场或者购物中心可以在博阳会员积分系统的基础上，策划多种会员消费积分活动。例如，会员首购、会员当月首购、会员日购买、店庆期间多倍积分、生日多倍积分，等等。

会员获取消费积分有三种主要形式：AI自动审核拍照积分、微信或者支付宝商圈快速积分、聚合支付积分，这三种方式既能方便会员快速获取积分，商场（超市）又能通过支付记录，了解自己的销售情况。

会员在购物过程中可以累积积分，积分可以用于兑换礼品、折扣券、停车券、租借商品。积分的累积和兑换可以激励会员频繁消费，增加消费额。

（二）专属折扣和优惠

商场（超市）会员可以享受独家的折扣和优惠，包括商品折扣、满减活动、会员专属促销等。这些优惠可以让会员以更低的价格购买商品，增加其购买欲望。

（三）生日礼遇

商场（超市）会员在生日当天或生日周围可以享受特殊的生日礼遇，如生日积分、钻石会员生日当月可以兑换生日折扣、生日礼品、生日派对等。这种个性化的关怀可以提升会员的归属感和满意度。

（四）免费停车和租借服务

商场（超市）会员可以享受免费停车、租金雨伞、轮椅、充电宝、包裹寄存等特权。这样的便利服务可以提升购物体验，减轻会员的负担。

（五）优先购买权

商场（超市）会员可以提前获得新品或热门产品的购买权，还可以参加独家的预售活动。这样的特权可以满足会员对新品和独家款式的追求，提升其体验感。

（六）个性化推荐和定制服务

商场（超市）会员可以享受个性化的推荐和定制服务，提高购买的准确性和满意度。

（七）会员活动和体验

商场（超市）会员可以参加独家的会员活动和体验，如会员日、会员派对、会员专场、会员品鉴会、小程序会员社区等。这些活动可以增加会员的参与感和忠诚度，提升购物的乐趣。

（八）专属客服和咨询

商场（超市）会员可以享受专量的客服和咨询服务，通过微私域运营工具，会员可以通过专属的客服渠道解决问题和提出建议，获得更人性化的服务和关怀。

三、门店会员营销方案策划

会员是比普通用户更具黏性和价值的消费群体，门店会员营销方案就是针对如何挖掘会员需求，进行精准营销，实现客户裂变，打造线上商店，助力门店数字化转型管理会员。

（一）客户标签管理

开展门店会员营销是需要精准客户的，对会员打标签是第一个步骤，商场（超市）可以根据客户的采购订单号、消费金额、购买频率、商品偏好、累计积分等数据记录，设置大客户、中客户、小客户、核心客户等购物意向标签；根据客户的购物喜好设置标签，如零食、膨化食品、辣味食品等，通过标签记录客户的购物喜好，有利于后期产品的针对性推广。

（二）会员福利套餐

做会员的福利套餐营销模式，打造会员权益等级，与普通顾客相比，门店会员可享受会员优惠价/会员优惠券/会员生日礼物/会员日福利等活动，通过提高门店会员福利待遇，积累和发展更多新会员，增加更多忠诚客户，提高门店复购率。

（三）裂变营销：拉新

商场（超市）通过拉新礼物的形式，激发会员积极传播裂变。

（四）组队、秒杀、满减、满赠

商场（超市）对店铺会员设置专属会员日，享受VIP店会员价，通过团购/秒杀/满赠/满减等促销活动激发会员消费欲望。

（五）多样化的价值存储方式

商场（超市）可根据客户单价设置在线现金/礼品活动。比如100元赠10元，300元赠30元，可以增加门店的营运资金，有利于门店顾客的稳定消费，增强顾客对门店的黏性。

（六）网店价值＋会员权益＋积分商城

普通客户在线储值后，通过消费储值余额即可获得相应积分。这个时候，顾客会更容易接受商店会员卡，将储值、会员卡、积分商城三者合而为一，用户可以牢牢与店铺绑定，有利于商场（超市）积累忠实客户。

【实战范本】“你若常来，便是晴天”商场会员专场营销策划方案

“你若常来，便是晴天”商场会员专场营销策划方案

一、营销目的

通过大力度的商品活动，回馈客户；以“感恩”之名，回馈会员；通过提升体验，吸引客户回流；以独特的营销视角、创新的思路，在商圈中引起轰动，制造爆点，吸引公众目光，进而提高销售额。

二、活动主题

“你若常来，便是晴天。”

三、活动时间

4月15日—18日（共4天）。

四、营销策略

（一）主题1：一声“会员”喜开颜。

1. 活动时间：4月15日—18日。

2. 活动内容：VIP盛典璀璨来袭！活动期间，会员持本人会员卡，即可参与“我是会员我最大”专场充值活动！充值100元送10元、充值500元送80元、充值1000元送200元！前所未有的力度，“厚惠”无期，只为礼遇作为“会员”的你！

3. 活动规则：

（1）充值金额存入会员卡内，本金充入会员“畅享卡”中。

（2）每人每卡限充值1000元，名额送完即止。

（3）畅享卡为会员盛典专用，不可在黄金、钟表、租赁专柜及团购中使用。

（4）畅享卡为不记名卡种，需妥善保管，遗失不补。

（5）畅享卡不设找赎、不兑换现金，使用完毕后由商场回收。

4. 费用预估：×××××元。

（二）主题2：积攒的爱，更有分量。

1. 活动时间：4月15日—18日。

2. 活动内容：购物小票，大有文章！活动期间，会员在百货区消费满280元或在超市区消费满70元，或在租赁专柜消费满588元，凭当天电脑小票即可获得❤一颗，筹集满3颗❤即可获得抽奖机会！100%中奖，飞利浦液晶电视、美的电冰箱、九阳豆浆机、鹰唛花生油等大奖等你抱回家！

3. 活动规则：

（1）本次活动仅限于会员朋友参与，现场办理会员卡亦可参与。

（2）每张电脑小票获得❤的数量不设限，团购不参与活动。

（3）抽奖以“刮刮卡”的形式进行，客户自行在抽奖箱内抽取，自行刮开涂层。

（4）奖品当场兑领，兑完即止。

4. 奖品明细：

特等奖1名：××32英寸液晶电视1台。

一等奖3名：××电冰箱1台。

二等奖5名：××豆浆机1台。

三等奖15名：××花生油1桶。

四等奖50名：××纯牛奶1箱。

五等奖200名：××卷纸1提。

优秀奖若干名：××饮料1罐。

5. 费用预估：×××××元。

（三）主题3：每消费199元减99元，折服全城。

1. 活动时间：4月15日—18日。

2. 活动内容：润物细无声，转眼又一春。蝶舞霓裳，你换装了吗？活动期间，百货区服饰类、穿戴类、床用区每消费满199元立减99元（部分满299元、399元、499元，详见专柜标示）！化妆品积分抵现活动不容错过，100积分=15元，200积分=30元，单笔消费满599元以上方可使用，每张小票最高限使用200积分！

3. 活动规则：

（1）特价及团购不参与本次活动。

（2）积分抵现活动，会员需持本人会员卡参与。

（3）化妆品单笔满599元以上方可使用积分抵现，每笔限抵30元。

4. 费用预估：×××××元。

（四）主题4：感恩礼宴，没你不欢。

1. 活动时间：4月15日—18日。

2. 活动内容：活动期间，在百货区消费满300元，或在超市区消费满80元，满到13人即可成团，每人都可以“翻牌”一次！每张牌对应的礼品均不同，100%有礼！这场盛宴，没你不欢哟！

3. 活动规则：

（1）符合条件的会员客户自行成团，满13人即可抽奖。

（2）会员在消费时需使用会员卡，否则不得参与本次活动。

（3）翻到不同的扑克牌将获得不同的礼品一份，当场兑领。

（4）黄金、钟表、数码、配套专柜、烟酒、家电和团购不参与。

扑克牌对应礼品明细：

扑克牌	礼品	扑克牌	礼品
A	××酸奶1箱	7	××沐浴露1瓶
K	××洗衣液3千克1瓶	6	××椰子汁1000毫升1盒
Q	××保温杯1个	5	××洗洁精1瓶
J	××雨伞1把	4	××酱油1瓶
10	××保温碗1个	3	××八宝粥1罐
9	××六连罐1组	2	××冰红茶1瓶
8	××卷纸1提	…	……

4. 费用预估：×××××元。

（五）主题5：为爱减价，会员专属。

1. 活动时间：4月15日—18日

2. 活动内容：活动期间，超市区3元、6元、9元均一价劲爆来袭！会员价+均一价，抢到就是赚到！会员在超市区单笔消费满98元，加3元、6元、9元亦可参与超值换购活动！礼品限量5000份，换完即止！

3. 活动规则：

（1）会员在消费时需使用会员卡，否则无法享受本次优惠。

（2）每张电脑小票仅限换购一种礼品，不可兼得。

（3）烟酒、家电、租赁专柜及团购不参与换购活动。

4. 换购礼品明细：

加3元换：××抽纸1提。

加6元换：××洗衣液1袋。

加9元换：××优酸乳六连包1组。

5. 费用预估：×××××元。

五、活动分工

（1）百货营运：负责百货区活动落地对接及跟进。

（2）超市区：负责活动落实执行，做好赠品领用。

（3）财务部：负责现金券制作及督导派发过程的整个环节，包括回收、备案。

（4）市场部：负责方案落实及及时反馈结果，与营运部做好交接、反馈。

（5）行政部：负责赠品的采购，需提前2天到位。

（6）客服部：负责积分兑换、现金券发放、广播宣传推广。

（7）信息部：做好超市折扣、满减等活动价格维护。

（8）后勤部：做好所有活动物料安装及活动地点装饰、活动拍照留念等。

（9）店务办：活动前动员及督导，确保全店宣传口径统一。

（10）IT部：负责微信公众平台的后台管理及活动信息推广，与官网及论坛同步。

六、宣传推广

1. 传统报纸：《××日报》普通版头版广告推广。

2. 电梯框架：商圈1.5公里范围内精选楼盘投放电梯框架广告。

3. 巡游车：租用3辆巡游车连续2天进行周边商圈巡游推广。

4. 常规物料：巨幅1块，展板6块，画架4块，X展架12个，A3POP35个，主题方牌1000块，吊旗800面，货架插条20个，三角牌15个，举牌10个，收银台围挡20块，大门口拱门2个。

5. DM彩页：A3双面，30000份。

6. 空飘：6个，在大门口。

7. 店内广播：店内客服录音。

8. 官方微信：官方微信推广。

9. 官方微博：官方微博推广。

10. BBS：社区软文、贴吧推广。

11. 会员短信：20000条，精选半年内有消费记录的会员。

四、会员储值卡销售转化

储值卡是商场、购物中心、美容美发店、餐厅、零售门店等商家普遍在用的一种支付形式，顾客可以在购买储值卡时预先支付一定金额，然后在店内消费时使用储值卡进行支付。储值卡通常可以在特定的商家或品牌内使用，可以用于购买商品或服务。

储值卡的使用方式类似于礼品卡，礼品卡通常是作为礼物赠送给他人使用，借助会员储值卡系统，消费者可以在会员小程序中将礼品卡绑定为储值卡，消费者可以更加方便地使用礼品卡，购物时不需要再携带礼品卡，只需要展示绑定后的电子储值卡支付码就可以完成支付。

储值卡都会有储值套餐，储值时可以享受优惠，如充100元送10元、充5000元送一盒高档餐具，等等。储值卡可以帮助商场（超市）提高销售和顾客忠诚度，也可以方便顾客进行消费。

图7-4所示方法可以通过储值卡促进销售转化。

方法一　制定合适的促销活动，强调储值卡的价值和节约成本

企业可以向消费者强调，使用储值卡可以享受更低的折扣，从而增加他们的购买力和购买意愿。可以通过打折、赠送礼品等方式吸引顾客购买会员储值卡，同时也可以提升顾客对品牌的认知度和忠诚度

方法二　增加交叉销售，提高客单价

因为顾客购买了会员储值卡后会更愿意在店内消费，从而增加消费金额。店铺可以通过会员储值卡增加交叉销售的机会，如推荐搭配商品或者优惠套餐等，让顾客购买更多商品，从而增加销售额

方法三　与顾客建立良好的关系

与顾客建立良好的关系，了解顾客的需求和喜好，提供个性化的服务，提升顾客的满意度和忠诚度，从而促进会员储值卡的销售转化

方法四　加强营销宣传

通过各种渠道加强营销宣传，提高品牌知名度和美誉度，吸引更多的顾客购买会员储值卡，从而促进销售转化

方法五　与其他营销工具结合使用

企业可以将储值卡与博阳会员系统中的其他营销工具结合使用，如优惠券、积分、促销活动等，以增加消费者的购买欲望和促进销售转化

方法六　不断优化会员储值卡的服务和礼遇

不断优化会员储值卡的服务和礼遇，提高顾客的体验感和满意度，增加顾客的信任度和忠诚度，从而促进会员储值卡的销售转化

图7-4　通过储值卡促进销售转化的方法

通过以上这些方法，再结合会员储值卡充值优惠、商品促销、会员服务等方式，可以实现促进获客引流、提前锁客、销售转化。

五、商场（超市）会员引流的方法

（一）低价引流

低价引流是很多消费品品牌都会做的一种引流方式，其优点是见效快、引流人数多、范围广且成本低，适合在新产品上市或大促期间用以吸引流量、获得新的流量。这种方法几乎适用于所有行业，尤其适用于日常较为普遍且成本较低的商品，如零食、美妆中小样、水果生鲜、鲜花、蛋糕、体验课、饮料等。

低价引流的方式如图7–5所示。

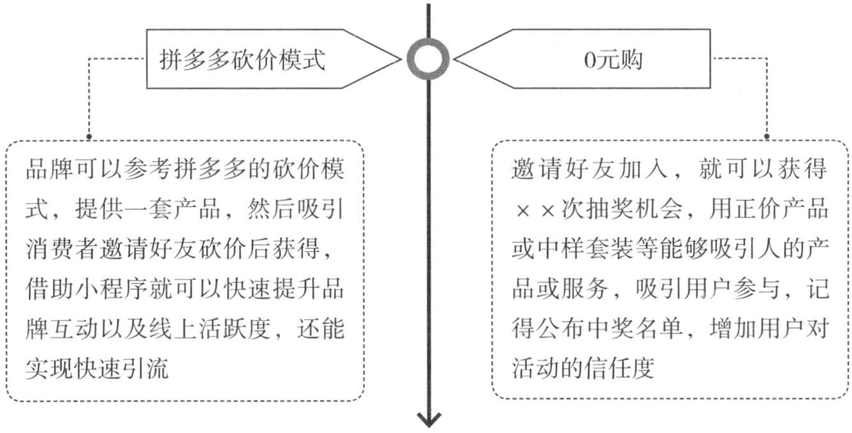

图7–5 低价引流的方式

当然，低价引流货品的选择、数量的控制，要结合企业经营的实际，可以选择一款高价值的产品，通过高折扣吸引会员参与，但是一定要控制好数据和机制。

（二）卡券引流

1. 线上团购券引流

这种引流方式，相信我们大部分消费者体验过，它的优点是可以提前锁定客户，并且精准引流，到店率非常高。如果是节假日、活动日、店庆日等重大活动节点，活动力度较大但频次低；但如果是日常的团购券，力度和频次可以稍缓。

商场（超市）还可以推出一些特价券，比如1元抢购100元代金券等；还可以推出一些储值升值卡，比如，充值200元送100元得300元等。会员系统的卡券，可以指定卡券使用的店铺、品类、品牌、商品等，这样，在通过特定的卡券进行引流到店的同时做到了成本控制。

2. 福利券：生日券、周年券、升级券

结合会员的生命周期，自动推送满足会员需要的福利券，如生日券、周年券、升级券、礼品券，等等。

通过不同的卡券，在关怀客户、维护客户关系的同时，将其引流到店。

（三）爆品引流

爆品引流是一种常见的引流方式，其优点是获客质量度较高，且能达到销售和流量双提升的效果，适用于大促或日常引流以及日常主推等情景。这种方式，在选择产品上需要注意，应选择刚需、高频且本身受众就比较广的产品，这样才能吸引更多人来参与。比如水果、饮料、咖啡、卫生纸、鸡蛋等。

爆品引流的方式如图7-6所示。

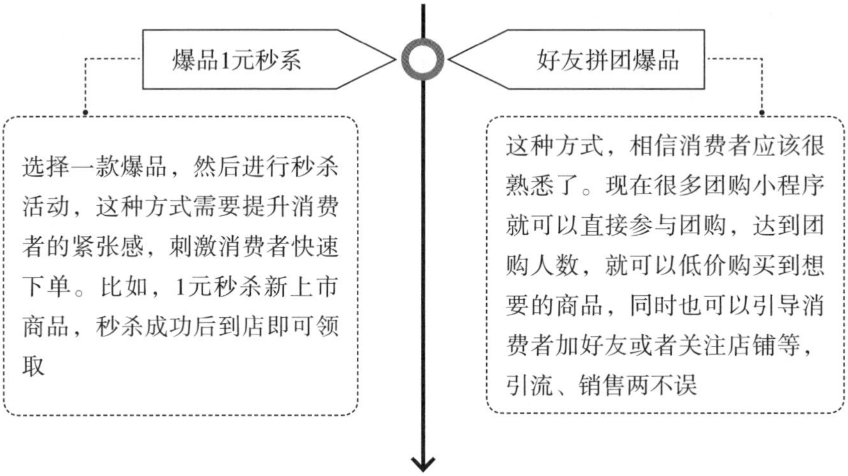

图7-6　爆品引流的方式

（四）直播抽奖＋直播卡券

喜欢观看直播或者有过在直播间购物经历的人应该知道，品牌一般会在直播间设置各种抽奖活动，通过几件品牌美妆或主流商品吸引消费者持续观看直播并等待开奖，同时也可以设置一些优惠卡券、满费满减等，吸引消费者持续观看、购买。

六、O2O模式下会员营销的改善

O2O 模式下的会员营销仍然有许多需要改进的地方，需要针对线上线下会员营销的不足，构建全面、有针对性的会员体系，优化对会员关系的管理，设计个性化的会员增值服务意义重大。

（一）强化对会员信息管理、维护的力度

1. 完善会员的信息

商场（超市）应完善如图7-7所示的会员信息。

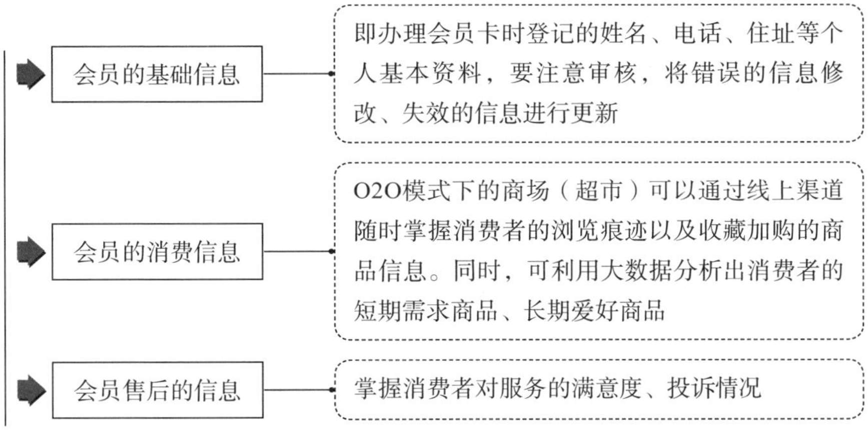

图7-7　商场（超市）应完善的会员信息

2. 区分管理

在完善好会员的信息后，商场（超市）应根据顾客偏好的不同、能够为企业创造价值的大小等维度进行区分管理。

（二）创新会员营销手段

会员营销手段的创新要建立在价格优惠这一基础上。

1. 购物方面

商场（超市）在购物方面，首先要不断推出种类更加丰富多样的会员专属商

品，区分会员与普通消费者，并满足会员的个性化需求。其次对会员进行等级划分，不同等级有不同的折扣价及累计积分；最后是适应时代趋势，充分利用社交媒体，推出会员微博分享购物及服务体验、微信转发企业公众号动态等奖励现金红包的手段进行营销。

2. 在服务方面

在服务上，商场（超市）应提供个性化、人性化的会员服务，使会员享受到消费带来的满足感。具体措施如图7-8所示。

措施一　利用会员的历史消费数据分析会员的需求，并根据数据提供满足其需求的服务，使会员对企业更有好感

措施二　开展企业间的合作，扩大会员服务范围。如今旅游业、电影院等较为流行，可以与相关企业合作，会员在合作单位也能享受到相应的会员权益

措施三　线下设置会员专属休息区、积分查询区、礼品领取区，线上提供会员自助服务与在线联系客服办理业务

图7-8　在服务方面的创新措施

（三）完善线上线下会员识别

O2O模式下，商场（超市）应该整合线上线下会员数据信息建立大会员体系，集会员识别、会员数据采集和会员服务于一体。可以将手机号作为线上、线下会员的联系点，与会员卡一一绑定，线上线下积分累计在一起，积分兑换既适用于线上也适用于线下。线上还可以查询实体店铺的商品及活动信息；线下进行商品体验后可以到线上支付。线上或是线下会员享有同等权益，实现线上线下会员数据的共享。

（四）拓展会员沟通渠道，实现双向互动

商场（超市）不应局限于发布广告，还可以利用社交平台，实现双向沟通，根据会员的偏好推送个性化商品，会员可以在社交平台留言提出问题、进行评价，由专属客服进行疑难解答、对评价进行处理；线上设计有奖小游戏，会员关注公众号并闯关成功即可获取现金红包一个，使得会员积极参与并能够掌握商场（超市）动态。

第八章　商场（超市）广告营销

·章前导引·

随着经济全球化和市场经济的迅速发展，在企业营销战略中，广告营销发挥着十分重要的作用，是企业营销组合中不可或缺的组成部分。

第一节　广告营销认知

一、什么是广告营销

广告是一种宣传手段，也是一种让大众了解企业的方式。广告营销是指企业通过广告对产品展开宣传推广，促成顾客直接购买，扩大产品的销售，提高企业的知名度、美誉度和影响力的活动。

二、广告营销的特点

广告营销以户外广告和媒体广告为主。户外广告指在大型的商场、地铁站、电影院等人口密集、人流量比较大的场所投放广告；媒体广告主要指在包括报纸、广播、电视、网络等媒介上投放广告，企业主要借助以上两种方式宣传品牌形象，从而在激烈的竞争中占据优势地位。广告营销具有如图8-1所示的特点。

① 彩色总比黑白效果好	人们都喜欢花哨的东西，黑白色彩过于单调，不能吸引人们的目光，而彩色则更好地转移了大众的视线，效果更好
② 图文比文字更具效果	单单是文字，人们看了几行之后，会产生视觉疲劳，适当出现图片配合文字描述，可以为广告文案增光添彩
③ 产品标识在广告右下角位置最佳	人们常规的看文字方向是从左到右，因此，放在右下角的广告可以更好地触发视觉效应
④ 标题越短越好	好的标题要一针见血，不宜过于冗长，要新颖并有创意
⑤ 广告越生动越令人难忘	广告的内容可以适当采用对比、拟人、比喻等方法，生动描述要表达的意思

图8-1　广告营销的特点

第二节　广告营销模式

一、公共电视广告营销

公共电视广告传播速度快，覆盖面广，表现手段丰富多彩，可声像、文字、色彩、动感并用，可谓是感染力很强的一种广告形式。但是，公共电视广告成本高昂，制作起来费工费时，同时还受时间、播放频道、储存等因素的限制和影响，信息只能被动地单向沟通。一般晚上7:30至10:30被认为是投放广告的最佳时间，但是费用也相当高。公共电视广告适合做宣传商场（超市）形象广告、特别活动广告等。

商场（超市）开展公共电视广告营销要点如图8-2所示。

① 注重电视广告创意	电视广告应当给人留下深刻印象，因此，商场（超市）应当重视广告创意，提前编制好广告创意方案，直接用于广告中
② 考虑当地传统	商场（超市）作为当地社区的一部分，在制作电视广告时，要考虑当地风俗习惯，广告语中不得有违反当地传统的语言
③ 选择合适的电视台	商场（超市）进行电视广告营销，应首选本地电视台。如果是全国连锁的商场（超市），则应在国家级电视台上做广告
④ 选择合适的广告公司	如果商场（超市）不能自行制作电视广告，可以选择一些优秀的广告公司进行制作
⑤ 注意费用控制	电视广告的费用一般非常高，商场（超市）一定要根据实际情况量力而行

图8-2　公共电视广告营销的要点

二、内部电视广告营销

许多商场（超市）在内部顶上悬挂电视，专门播放制作好的广告，方便进入商场（超市）的顾客能够直观地观看，并浏览广告内容（如图8-3所示）。

图8-3　某商场内部用于播放广告的电视

商场（超市）内部电视广告营销的要点如图8-4所示。

1. 注意电视悬挂位置 —— 商场（超市）内部电视应当悬挂在人流量集中的区域，如折扣专区、特价区等
2. 制作广告内容 —— 内部电视广告内容应集中推介一些主力商品和当期促销活动
3. 与供应商合作 —— 商场（超市）的商品都是由各类供应商提供的，商场（超市）可以与供应商合作，在内部电视中播放供应商产品广告，并向其收取部分费用
4. 广告播放控制 —— 商场（超市）除播放商品广告外，还可播放新闻、天气预报、紧急通知等即时信息，第一时间将最新鲜的资讯传递给受众人群

图8-4　内部电视广告营销的要点

三、电台广告营销

电台广告是一种线形传播，听众无法回头思考、查询，只要善于运用口语或者生动具体的广告词语进行表述即可，不要过于烦琐，尽量少用重句。一般电台广告成本较低、效率较高、大众性强。

电台广告主要通过声音传递信息，词句发音要容易辨听，要让听众听清楚、明白、易于理解和记忆。收听广告，使得顾客对商场（超市）的品牌、价格有一个初步印象。所以，商场（超市）在创作电台广告时要掌握以下要点，如图8-5所示。

1. 广告语简明易懂 —— 广告语尽量简短，多用短句，少用修饰语，注意口语化、地方化，最好能在广告一开始就切入产品的主题
2. 播音速度适中 —— 注意语速的节奏，节奏太慢会显得拖沓沉闷，而节奏太快，又会让听众难以听清楚或者听起来感到疲劳，所以语速一定要适中，既不能太快，也不能太慢

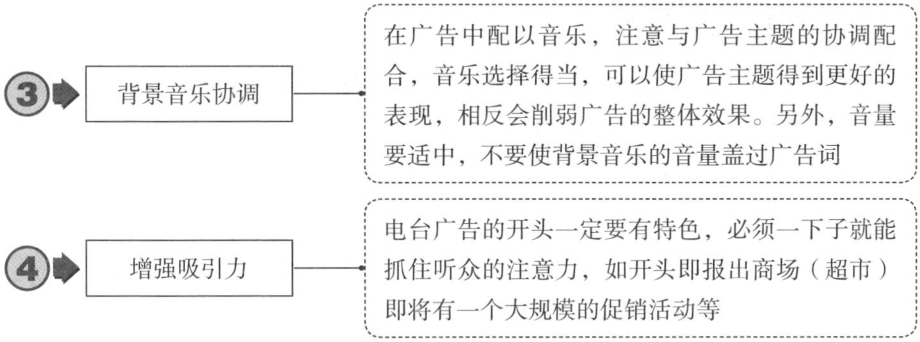

图8-5　电台广告营销的要点

四、报纸广告营销

报纸广告以文字和图画为主要视觉刺激，不像其他广告媒介，如电视广告等受到时间的限制。报纸可以反复阅读，便于保存。由于报纸纸质及印制工艺上的特性，报纸广告中的商品外观形象和款式、色彩不能被理想地反映出来。

商场（超市）可以在报纸上购买一定大小的版面，大张旗鼓地宣传自己，并在广告上写上各类促销活动信息。

商场（超市）开展报纸广告营销可按如图8-6所示的流程进行。

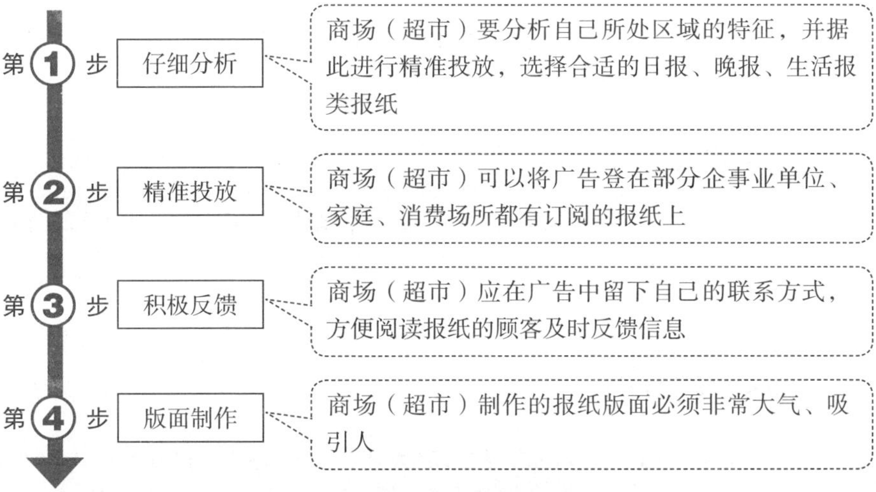

图8-6　报纸广告营销流程

五、杂志广告营销

杂志可分为专业性杂志、行业性杂志、顾客杂志等。由于各类杂志读者比较明确，因此是各类专业商品广告的良好媒介。

商场（超市）杂志广告营销要点如图8-7所示。

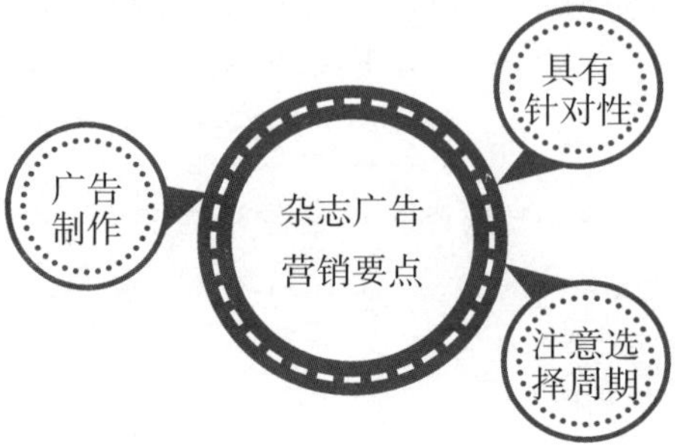

图8-7　杂志广告营销的要点

（一）具有针对性

杂志广告的最大特点是针对性和专业性强、范围相对固定，即不同的人阅读不同的杂志，可根据消费对象选择其常读的杂志做广告。

（二）注意选择周期

如果商场（超市）每周做一次促销活动，应当选择每周出版的杂志。如果每半个月做一次促销活动，则应选择每半个月出版一次的杂志。

（三）广告制作

相对报纸而言，杂志版面较小，营销人员在制作广告时文字要简短、精练，引人注目。

六、DM广告营销

DM是英文Direct Mail Advertising的省略表述，直译为“直接邮寄广告”（后文均简称为DM）。DM一般通过邮寄、赠送等形式，将宣传品送到顾客手中、家里或公司所在地。

（一）注意选择 DM 广告分类

商场（超市）应根据自身的实际情况选择合适的广告。DM广告分类如图8-8所示。

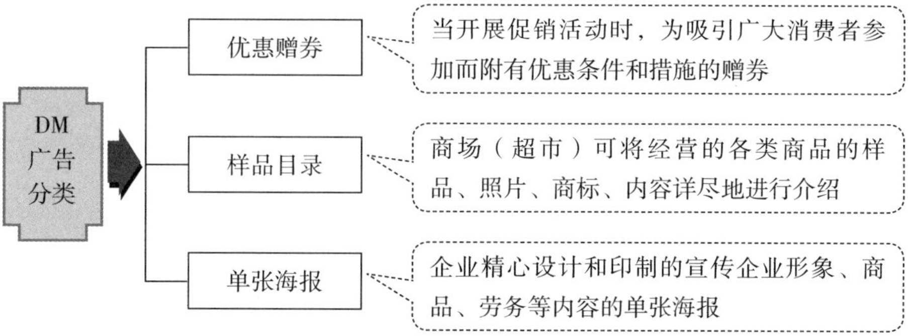

图8-8　DM广告分类

（二）DM 设计制作

商场（超市）在设计制作DM时，假若事先围绕它的优点考虑更多一点儿，将对提高DM的广告效果大有帮助。DM设计制作要点如下。

（1）设计要新颖、有创意，印刷要精致美观，吸引更多的眼球。

（2）充分考虑其折叠方式、尺寸大小、实际重量，便于邮寄，可在折叠方法上玩些小花样，比如借鉴中国传统折纸艺术，让人耳目一新，但切记要使接收邮寄者方便拆阅。

（3）配图时，多选择与所传递信息有强烈关联的图案，刺激记忆。

如图8-9所示为沃尔玛DM海报样式示例。

图8-9　沃尔玛DM海报样式

七、公交站牌广告营销

公交站牌广告是一种非常常见的广告形式，很多企业都在公交站牌上做广告。商场（超市）也可以在公交站牌上刊登广告内容或者将商场（超市）的名字放到站牌上，使过往的顾客都能看到商场（超市）的相关信息，起到广告的作用。

商场（超市）开展公交站牌广告营销的要点如图8-10所示。

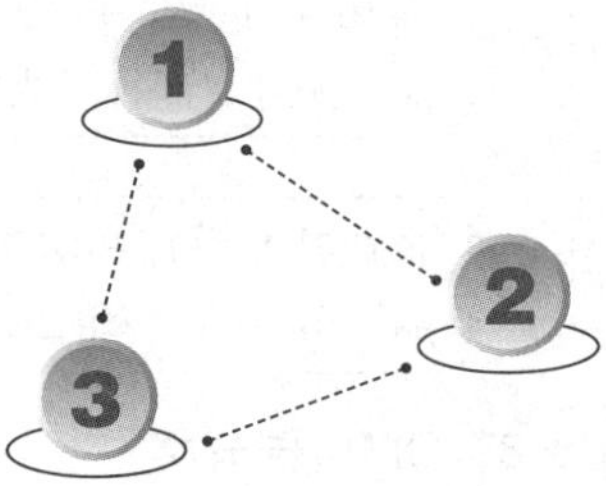

图8-10　公交站牌广告营销的要点

（一）优先选择灯箱广告

公交站牌广告分为静态和灯箱两种，灯箱广告提供夜间照明系统，令画面更具视觉冲击力，以最贴近的方式将品牌信息随时随地传递给顾客，对顾客具有持久的影响力。

（二）广告制作精良

广告制作要精良，可以选取几种主要的或价格折扣非常低的促销商品放入广告中，以吸引眼球。

（三）注意广告投放地点

商场（超市）应尽量选择本商场（超市）周围商圈内的公交站牌做广告，广告上写明商场（超市）的地址，方便顾客直接入店消费。

如图8-11所示为某商场公交站台广告示例。

图8-11　某商场公交站台广告

八、店外告示牌广告营销

店外告示牌广告营销是指通过在店外告示牌上刊登广告信息，吸引顾客注意并进入商场（超市）购物。商场（超市）往往会在外部放置告示牌，将当期海报信息或特价商品信息刊登于告示牌上。

商场（超市）开展店外告示牌广告营销要点如图8-12所示。

① 确定告示牌大小 —— 商场（超市）的店外告示牌大小要适中，要根据广告信息确定，一般长宽为100厘米×60厘米

② 广告制作 —— 告示牌上的广告应用直观、形象的文字列明，配备的图片要鲜亮、容易引人注意

③ 注意摆放位置 —— 告示牌要摆放在商场（超市）门口接近店外人行通道的区域，方便经过人行道的顾客看到

④ 及时更新 —— 商场（超市）的促销广告往往变化很快，因此要做好更新工作

图8-12　店外告示牌广告营销的要点

02

下篇

商场（超市）活动策划

第九章　开业庆典活动策划

·章前导引·

开业庆典是最常见的庆典活动，各类企业、商场、超市、店面等开业时都会举办隆重的开业庆典。它是一种标志，标志着机构正式成立，可以对外营业；同时也是一个喻示，喻示着美好和吉祥，这是长期以来国内甚至国际上的传统习俗。

第一节　开业庆典活动策划认知

一、什么是开业庆典

开业庆典在中国庆典信息网被归纳为庆典现场，又名“开张庆典”。主要为商业性活动，小到店面开张，大到酒店、商场（超市）等的商务活动。开业庆典不只是一个简单的程序化庆典活动，而是一个经济实体、形象广告的第一步。它标志着一个经济实体的成立，昭示社会各界人士——它已经站在了经济角逐的起跑线上。开业庆典的规模与气氛代表了一个工商企业的风范与实力。公司通过开业庆典的宣传，告诉世人，在庞大的社会经济肌体里，又增加了一个鲜活的商业细胞。

二、开业庆典活动的意义

开业庆典对于一个商场（超市）来说是十分重要的，不仅是一个简单的仪式，也是对商场（超市）进行宣传，让更多的人知道和了解该商场（超市）的重要途径之一。

大型商场的竞争是十分激烈的，商场开业庆典以及优惠活动常常被许多商家使用，长期以来，有许多优惠活动已不为顾客所注意，这也使得很多商场活动大打折扣，但是，商场开业庆典特别能吸引人们的注意力。

比如，邀请表演队伍在揭牌仪式结束后，在一片欢呼中开始登场表演中国传统节目，现场邀请开业嘉宾给狮子点睛，这样可以在最短的时间内提高这个商场的知名度和美誉度。

商场可以通过极富新颖、特色、影响力和吸引力的商场开业庆典来加速提升商场的知名度、美誉度和忠诚度，积累良好的品牌资产。

三、开业庆典活动的目的

开业庆典往往作为包装企业、打造品牌影响力的商务活动。商场（超市）举办开业庆典活动具有如图9-1所示的目的。

目的一	使门店开业的消息得到广泛传播，吸引更多的目标客户群体参加此次活动
目的二	通过开业庆典活动把门店的品牌形象和服务宗旨深入传开，塑造社会知名度和美誉度，引起各界关注
目的三	通过隆重的庆典活动展示自身实力，为后期的经营做好铺垫

图9-1　开业庆典活动的目的

第二节　开业庆典活动策划要点

一、庆典临时工作小组的成立

开业庆典是一个企业良好的启航开端，是一个经济实体的外貌，树立好形象尤为关键，因此有必要设立庆典临时工作小组。具体如下。

（1）成立庆典活动临时指挥部，设立部长一人、副部长若干人，负责全程指挥与决策。

（2）成立临时秘书处，辅助决策，综合协调，沟通信息，办文办事。

二、活动目标和主题的确立

活动目标是指通过举办本次活动所要实现的总体目的，具体表现如下：向社会各界宣布该组织的成立，取得广泛的认同，扩大知名度，提高美誉度，树立良好的企业形象，为今后的生存发展创造一个良好的外部环境。

活动主题是指活动开展所围绕的中心思想，一般表现为几个并列的词语或句子，如“震撼开张，同喜同庆”，既要求短小有力，又要求形象鲜明，以便给人留下深刻的印象。具体要求如图9-2所示。

图9-2 确立活动主题的要求

三、庆典活动场地的选择

开业庆典活动场地的选择应考虑的因素如图9-3所示。

因素一	开业地点一般设在企业经营所在地、目标公众所在地或租用大型会议场所
因素二	场地是否够用，场内空间与场外空间的比例是否合适
因素三	交通是否便利，停车位是否足够
因素四	场地环境要精心布置，用彩带、气球、标语、祝贺单位条幅、花篮、牌匾等烘托喜庆热烈气氛

图9-3 庆典活动场地的选择应考虑的因素

四、庆典活动时间的选择

开业庆典活动选择时间应考虑的因素如下。

（1）关注天气预报，提前向气象部门咨询近期天气情况。选择阳光明媚的良辰吉日。天气晴好，更多的人才会走出家门，走上街头，参加典礼活动。

（2）营业场所的建设情况，各种配套设施的完工情况，水电暖等硬件设施建设。

（3）选择主要嘉宾、主要领导能够参加的时间，选择大多数目标公众能够参加的时间。

（4）考虑民众消费心理和习惯，善于利用节假日传播组织信息。

比如，各种传统的节日，近年来在国内兴起的国外的节日，农历的3月、6月、9月等结婚较多的日子。借机发挥，大造声势，激发消费者的购物欲望。

如果外宾为本次活动的主要参与者，则更应注意各国不同节日的不同风俗习惯、民族审美趋向，切不可在外宾忌讳的日子里举办开业典礼。若来宾来自印度或伊斯兰国家，则要更加留心，他们认为3和13是忌数，当遇到13时要说12加1，所以应避免选择带3或13这两个数字的开业日期和时间。

（5）考虑周围居民的生活习惯，避免因过早或过晚而扰民，一般安排在上午9:00至10:00最恰当。

五、庆典活动嘉宾的邀请

嘉宾邀请是开业庆典活动工作中极其重要的一环。为了使庆典活动充分发挥轰动及舆论的积极作用，在邀请嘉宾工作上必须精心选择对象，设计精美的请柬，尽力邀请知名度高的人士出席，制造新闻效应。

（一）确立邀请对象

一般来说，商场（超市）开业庆典活动的嘉宾邀请范围如图9-4所示。

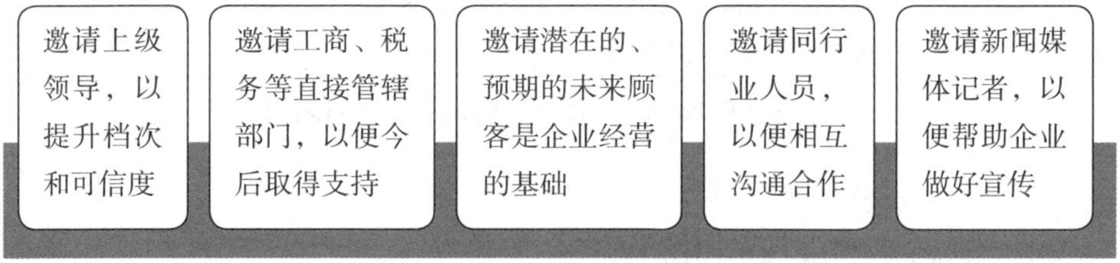

图9-4　开业庆典邀请嘉宾范围

（二）邀请方式

对于确立的邀请对象，商场（超市）可以电话邀请，还可以制作通知、发传真；最能够表明诚意与尊重的方法是发邀请函或派专人当面邀请。向嘉宾发送的邀请函应包括如图9-5所示的内容。

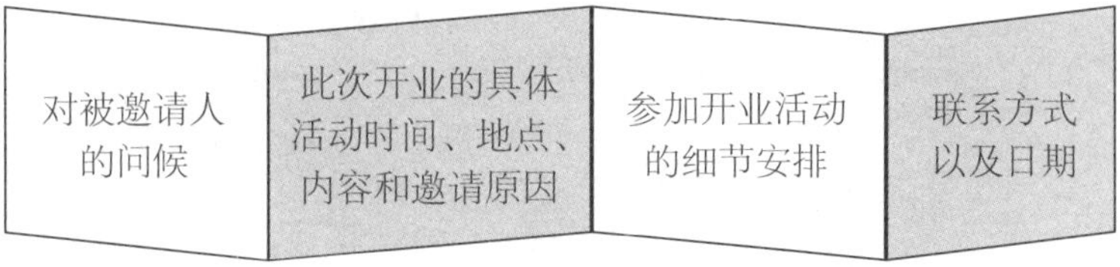

图9-5　邀请函的内容

邀请工作应该提前一周完成，以便于被邀者及早做好安排和准备。

六、庆典活动的舆论宣传

庆典活动的舆论宣传可以从如图9-6所示的几个方面入手。

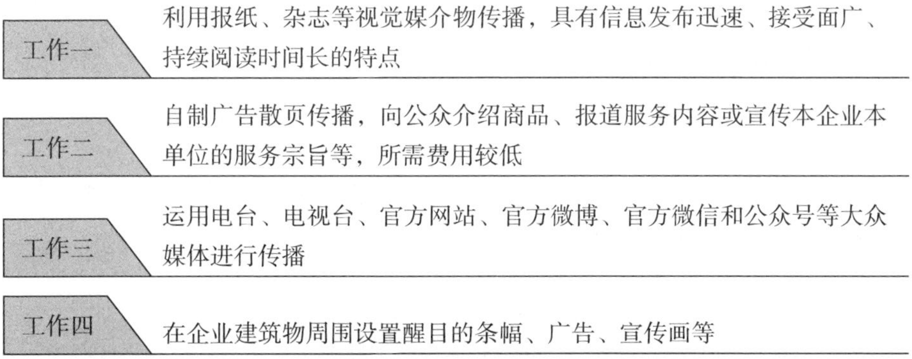

图9-6　庆典活动的舆论宣传

七、庆典活动场地的布置

庆典的礼台一般为长方体，长25米，宽20米，高1米。按照惯例，举行开业典礼时宾主一律站立，一般不布置主席台或座椅。可在现场做一些装饰。

（1）为显示隆重与敬客，可在来宾尤其是贵宾站立之处铺设红色地毯。

（2）在场地四周悬挂标语横幅。

（3）悬挂彩带、宫灯，在醒目处摆放来客赠送的花篮、牌匾、空飘气球等。

比如，在大门两侧各置中式花篮20个，一条花篮飘带写上“热烈庆祝××商场开业庆典”字样，另一条花篮飘带写上庆贺方的名称。正门外两侧，设充气动画人物、空中舞星、吉祥动物等，如下图所示。

庆典活动场地布置示例

八、庆典活动的物资准备

开业庆典活动的物资准备包括以下内容。

（一）礼品的准备

赠予来宾的礼品，一般属于宣传性传播媒介的范畴。根据常规，向来宾赠送的礼品有如图9-7所示的四大特征。

① 宣传性	可选用本单位的产品，也可在礼品及其外包装上印上本单位的企业标志、产品图案、广告用语、开业日期、联系方式等
② 荣誉性	礼品制作精美，有名人名言或名画，使拥有者为之感到光荣和自豪
③ 价值性	具有一定的纪念意义，使拥有者对其珍惜、重视
④ 实用性	礼品应具有较广泛的使用场合，以取得宣传效应

图9-7　赠送礼品应有的特征

（二）设备的准备

设备准备是指音响、录音录像、照明设备以及开业典礼所需的各种用具、设备，由技术部门进行检查、调试，以防在使用时出现差错。

（三）交通工具的准备

准备的交通工具主要用于接送重要宾客、运送货物等。

（四）就餐的准备

就餐准备是指对参与开业庆典活动的人员就餐做好准备，包括人数、座次、食物、就餐用具等。

（五）所需用品的准备

包括剪彩仪式所需的彩带、剪刀、托盘；工作人员服装的统一定做；留作纪念或用以宣传的礼品、画册、优惠卡、贵宾卡的定做。

拓展阅读

举办开业庆典的注意事项

商场（超市）通过举办开业典礼，可以扩大企业的影响，给公众留下深刻、美好的记忆。举办开业庆典时应注意以下事项。

1. 精心拟定邀请来的宾客名单

主要的邀请对象有：企业所在地区的各级党政部门领导、上级主管机构和有关方面的领导、知名人士、企业同业友好、其他行业的代表、新闻记者、员工代表以及公众代表等。

设计有企业统一标志的精美的邀请函，并提前将邀请函送到被邀请的宾客手中。

2. 拟定开业庆典的程序

典礼的一般程序是：宣布典礼开始、宣读重要来宾名单、致贺词、致答词、部门领导讲话，最后是剪彩。

3. 做好文件的准备工作

应事先拟好致答词，答词应言简意赅，起到沟通感情、增进友谊的作用。在开业庆典中，商场还要免费赠送一些宣传小册子。这些宣传材料事前应精心设计，做到图文并茂，起到宣传企业形象的作用。

4. 设计必要的助兴节目

为烘托开业喜庆气氛，在典礼中可以安排一些热烈欢快的节目，如锣鼓、礼花、舞狮耍龙，或请著名歌星唱店歌等。典礼结束后，还可组织嘉宾参观本企业的店堂装潢摆饰及有关设施，观看文艺演出或参加娱乐活动。

5. 搞好开业典礼的报道工作

在典礼进行的过程中，企业公共关系人员应积极配合新闻记者做好新闻采访工作，并在典礼结束后，通过广播、电视等新闻媒体及时报道本次庆典的盛会情况。

开业庆典活动场面大，邀请的来宾多，一般来说，时间安排要紧凑，项目安排应少而精，在产生轰动效应后即可结束，时间不宜过长，项目也不宜过多。

【实战范本1】××商场开业庆典策划方案

××商场开业庆典策划方案

一、活动主题

（1）开业庆典。

（2）第一届“××”杯高尔夫友谊赛开幕式。

二、活动风格

隆重、高雅。

三、活动目的

（1）面向社会各界展示××商场高档品牌形象，提升知名度和影响力。

（2）塑造××第一高档精品商场的崭新形象；营造××商场精品氛围。

（3）通过本次开业庆典活动和“××”杯高尔夫赛事开幕仪式，开拓多种横向、纵向促销渠道，掀起国庆黄金周的促销高潮，奠定良好的促销基础和社会基础。

四、广告宣传

1. 前期宣传。

（1）开业前10天起，分别在《××日报》《××晚报》、官方网站、官方微博、官方微信和公众号及各高档写字楼的液晶电视传媒网等媒体展开宣传攻势，有效针对高端目标消费人群。

（2）在周边各高档社区及高档写字楼内做电梯广告，有效针对周边高端消费者，有效传达××商场开业及其相关信息。

（3）以各高尔夫球场为定点单位给各高尔夫球场的会员及高尔夫球界名流、精英发放设计精美的邀请函，邀请其参加××商场开业庆典暨第一届“××”杯高尔夫友谊赛。

2. 后期广告。

（1）开业后5日内，分别在《××日报》《××晚报》、官方网站、官方微博、官方微信和公众号及各高档写字楼的液晶电视传媒网等媒体进一步展开宣传攻势，吸引目标消费者的眼球，激起目标消费者的购买欲。

（2）进一步跟踪报道“××”杯高尔夫友谊赛，掀起持续的新闻热点。

五、嘉宾邀请

嘉宾邀请是仪式活动工作中极其重要的一环，为了使仪式活动充分发挥其轰动及舆论的积极作用，在邀请嘉宾工作上必须精心选择对象，设计精美的请柬，尽力邀请知名度高的人士出席，制造新闻效应，提前发出邀请函（重要嘉宾应派专人亲自上门邀请）。

嘉宾邀请范围：

（1）政府领导、上级领导、主管部门负责人。

（2）主办单位负责人、协办单位负责人。

（3）业内权威机构、高尔夫球界权威或精英。

（4）知名人士、记者。

（5）赞助商家、大型企业老总。

六、活动亮点

1. 以开业庆典为平台，举行第一届“××”杯高尔夫友谊赛开幕式。以××各高尔夫球场的会员为主要参赛对象，给每个会员发放邀请函，并附上参赛的相关事项。商场内各商家为赞助商，还可邀请××市内知名品牌的高尔夫用具商为赞助商或协办单位；邀请××高尔夫球会为协办单位，凡参赛者均可在商场开业当天获得精美礼品，优胜者可按名次获得现金奖励及商场内各世界品牌提供的高档礼品。凡参赛选手在商场内购物，可获得相应优惠，在协办单位消费也可获得一定的礼遇等（或到场嘉宾可当天加入紫荆VIP会员）。在良性的联合运作状态下，使主办方、协办方及赞助方三方在合作中获得共赢。

2. 千份DM杂志免费赠送。

为了扩大商场的开业效应和品牌影响力，发行DM杂志（《××商场致生活指南》）赠阅消费者。此DM杂志为大16K，68P，四色铜版纸印刷，发行量为1500册。主要发行渠道为在开业庆典上所有到场者的礼品和开业促销期间商场赠阅。

本杂志的主要内容分为三个版块。

（1）“引领时尚消费，倡导精致生活”——介绍××商场的经营理念、购物环境及其他相关信息。

（2）“品牌故事”——介绍××商场内各品牌（内附各品牌代金券）。

（3）“高尔夫享受”——介绍高尔夫的相关知识及协办单位的相关信息（内附各球会优惠券）。

3. 在气氛渲染方面，以高雅的模特儿走秀和钢琴演奏代替庆典仪式中惯用的军乐队、锣鼓、醒狮队等。令每位来宾耳目一新，难以忘怀，且能有效地提高开业仪式的新闻亮点和宣传力度。在庆典活动中注入高雅文化，且与××商场的高端定位及目标消费群的理想生活形态有机契合。

4. “明星”巧助阵：邀请高尔夫球界权威或精英，使圈内人士慕名而至；邀请某品牌代言人到场助兴表演1～2个节目，掀起会场的第三个高潮，整个活动在高潮迭起中落幕，令人回味无穷。

七、活动程序

时间	活动安排
8：30	播放迎宾曲，礼仪小姐迎宾，来宾签到，为来宾佩戴胸花、胸牌，派发礼品，并引导来宾入会场就座，将贵宾引入贵宾席
8：35	模特儿高雅的时装表演开始，展示国际著名服饰品牌魅力，在嘉宾印象中深化××商场的高端定位，也可调动现场气氛，吸引来宾的目光
9：00	时装表演结束，五彩缤纷的彩带彩纸从空中撒下，主持人上台宣布开业仪式正式开始，并介绍贵宾，宣读祝贺单位贺电、贺信

续表

时间	活动安排
9：05	××高层领导致欢迎辞
9：10	政府领导致辞
9：15	协办单位领导致辞
9：20	参赛选手代表讲话
9：25	体育部门领导致辞并宣布第一届“××”杯高尔夫友谊赛开幕，鸣礼炮、放飞和平鸽和氢气球（会场达到第一个高潮）
9：30	钢琴演奏（曲目略）
9：35	宣布剪彩人员名单，礼仪小姐分别引导主礼嘉宾到主席台
9：40	宣布开业剪彩仪式开始，主礼嘉宾为开业仪式剪彩，嘉宾与业主举杯齐饮，点燃礼炮及放飞小气球将典礼推向第二个高潮。主持人宣布正式营业，顾客可进场购物
9：45	表演活动及相关互动活动
10：00	整个活动结束

八、会场布置

现场布置与开业庆典的主题结合，力争做到“细心、精心、认真、全面”，将高雅文化进行到底。遮阳（雨）棚和T形台、背景板的设计能充分突出会场的高雅和隆重的风格。

现场布置所需物料如下。

（一）彩旗

1. 数量：80面。

2. 规格：0.75米×1.5米。

3. 材料：绸面。

4. 内容：“引领时尚消费，倡导精致生活”。

5. 布置：广场周围插置。

（二）横幅

1. 数量：若干。

2. 规格：4.5米×10米。

3. 内容：紫荆百货隆重开业。

4. 布置：高空气球下方。

（三）贺幅

1. 数量：20条。

2. 规格：0.8米×20米。

3. 内容：各商家及合作单位祝贺。

4. 布置：广场及超市楼体。

（四）放飞和平鸽

1. 数量：188只。

2. 布置：宣布第一届“××”杯高尔夫友谊赛开幕时放飞。

（五）放飞小气球

1. 数量：2000个。

2. 材料：进口PVC。

3. 布置：主会场上空。

剪彩时放飞，使整个会场显得隆重祥和，增加开业庆典仪式现场的气氛。

（六）高空气球

1. 数量：6个。

2. 规格：直径3米。

3. 内容：祝贺及庆祝语。

4. 布置：现场及主会场上空。

（七）充气龙拱门

1. 数量：2座。

2. 规格：跨度15米／座。

3. 材料：PVC。

4. 布置：主会场入口处及车道入口。

（八）绸布

1. 数量：100米。

2. 布置：市场入口处两旁的门柱。

（九）签到台

1. 数量：1组。

2. 布置：主会场右边桌子铺上红绒布，写有“签到处”，以便贵宾签到用。

（十）花篮

1. 数量：30个。

2. 规格：五层中式。

3. 布置：主席台左右两侧。

带有真诚贺词的花篮五彩缤纷、璀璨夺目，使庆典活动激动人心。

（十一）背景板

1. 数量：1块。

2. 规格：10米×5米。

3. 材料：钢架、喷绘。

4. 内容：主题词，其风格与本活动的主题风格一致，能体现高雅与时尚的主题。

（十二）T形台

1. 数量：1座。

2. 材料：钢管、木板、红地毯。

（十三）红色地毯

1. 数量：200平方米。

2. 布置：主会场空地，从入口处一直铺到主席台。

突出主会场，增添喜庆气氛。

（十四）其他

1. 剪彩布1条，根据剪彩人数扎花。

2. 签到本1本、笔1套。

3. 椅子150张。

4. 胸花150个。

5. 胸牌150个。

6. 绿色植物300盆。

7. 盆花200盆。

8. 彩屑。

（十五）礼仪小姐

1. 人数：10位。

2. 位置：主席台两侧、签到处。

礼仪小姐青春貌美，身披绶带，笑容可掬地迎接各位嘉宾并协助剪彩，是庆典场上一道靓丽的风景。

（十六）钢琴演奏

1. 人数：1位。

2. 规格：著名钢琴师。

3. 位置：主席台上。

在迎宾时和仪式进行过程中，演奏各种迎宾曲和热烈的庆典乐曲，使典礼显得隆重而富有风情。

（十七）专业模特儿队

1. 人数：18人（暂定）。

2. 位置：庆典开始前在T台上表演，调动现场欢快气氛且与活动主题有机契合。

（十八）音响

1. 数量：1套。

2. 说明：专业。

3. 位置：主会场。

4. 媒体配合（略）。

【实战范本2】××超市开业庆典策划方案

××超市开业庆典策划方案

一、活动宗旨

时尚、活力、激情飞扬。

二、活动主题

时尚生活新主张，××超市带给您更多的体验购物新选择。

三、活动目的

1. 通过开业庆典仪式塑造××超市的品牌形象、宣传服务宗旨，提升社会知名度和美誉度，引起各界关注。

2. 通过隆重的庆典活动展示自身实力，为后期的经营做好铺垫。

3. 进行企业社会公关，树立××超市的社会形象，并融洽与当地政府职能部门、目标顾客群及供应商的关系。

4. 效益提升，引起大众消费热潮，实现经济效益和社会效益的同步提升。

四、活动时间

20××年10月1日—7日。

五、活动地点

××超市广场。

六、活动内容

迎宾签到、领导讲话及嘉宾致辞、剪彩仪式、舞狮表演、揭牌仪式、缤纷节目表演。

七、活动准备

（一）组织机构的建立

设立如下图所示的组织机构。

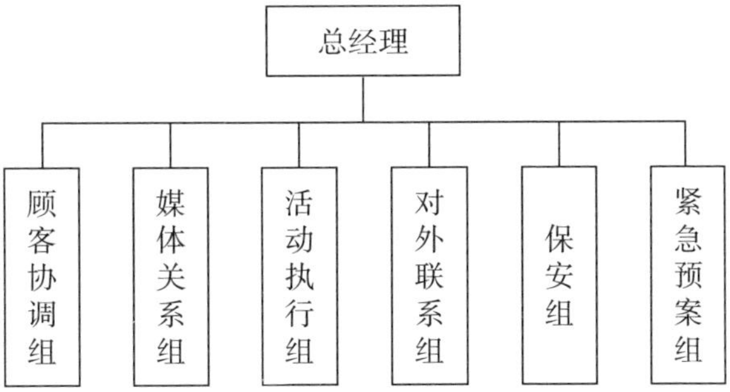

组织机构示例

（1）总经理：对整个开业庆典活动负责，同时协调各个部门的工作及配合，确保此次开业庆典活动圆满成功。

（2）顾客协调组：收集顾客的意见与建议，统一整理并上交至总经理处，做好各顾客的解释工作，将需要顾客配合的事项以及相关促销政策准确告知各顾客。

（3）媒体关系组：负责联系各个媒体机构在开业时到场报道，同时协调好与各个媒体的关系。

（4）活动执行组：负责开业庆典的具体执行活动。

（5）对外联系组：做好与外界的沟通与联系，使各方连接此次活动。

（6）保安组：主要负责活动现场的秩序与安全工作，防止意外事件的发生。（面试网）

（7）紧急预案组：对可能发生的各种事件做出预测，并提前做好紧急事件的应对措施。

（二）媒体投放的选择

选择品牌定位与超市定位相类似的媒体进行投放。由于超市定位为时尚，因此，建议选择时尚类、都市生活类的媒体进行投放。

1. 电视台（1家）：选择本市电视台进行投放，选择都市频道，一般为2套节目，起到告知作用，不起宣传作用，投放可间断进行。

2. 报纸（2家）：当地的广播电视报一定要投放（这类报纸销量好、成本低，缺点是一周一刊，周期较长），另外选择当地（市级）次级影响力的都市报纸媒体专刊投放，每个城市的报纸都有专刊，因此选择这些专刊投放的影响力是巨大的。

3. 广播（1家）：选择都市广播进行投放。

4. 杂志投放：一般每个城市都有都市类杂志，置于酒店等消费场所，这类媒体具有成本低、目标精准等特点，深受广告主喜爱。

5. 公交投放：制作小横幅，悬挂于车头前面，最好选择市区线路且经过附近的公交车辆进行投放。

6. 在超市的企业官网、微博、微信公众号、App 小程序上发布开业庆典消息。

（三）场外布置

1. 卖场前铺满红地毯（突出喜庆主题），两侧各放置中式花篮60个。在广场放置红、黄、蓝三色的彩色气门两座，一方面可以营造开业的喜庆氛围，另一方面可以营造较为强烈的时代气息。卖场主入口旁设大型舞台及威风锣鼓表演区，舞台上放置大功率音响设备、麦克风及麦克架，铺红色礼仪地毯。

2. 在广场旁竖立卖场经营结构示意图，让不是很了解卖场的顾客更直观地熟悉卖场的经营结构。

3. 签名幅：为了使我们和广大消费者的鱼水关系进一步加深，设计一条90厘米×588厘米的签名幅。签名主题为“精英荟萃，大展宏图”，凡来店消费或参加庆典的朋友都可以签名。并给签名的观众发放小礼品，使超市和支持超市的所有群体的距离拉得更近，再次掀起开业的另一个高潮。

4. 在广场舞台两侧拉8个悬挂彩色垂幅的升空气球，并在楼体上悬挂彩色条幅，上面张贴公司的祝福语。（主要围绕开业主题、开业贺词等）

（四）场内布置

1. 在卖场内悬挂开业宣传POP或吊旗，在店内主要区域悬挂和首要位置展示（依据卖场的标识色和经营特色来设计宣传POP），主要突出开业的喜庆氛围。

吊旗的悬挂位置主要集中在大厅和各走廊上。（具体位置需要根据现场情况决定）

2. 在一楼入口摆放一棵精美的“许愿树”，所有顾客在本卖场消费后，每人都可以免费得到一张精美的许愿卡片，可以在上面写上自己的美好愿望、祝福或对卖场的期望、意见、建议，用一条精美的小丝带悬挂在许愿树上。许过愿的顾客将获赠小礼品。

八、活动开展

20××年10月1日，用超大红布将商场正面包围。

1. 开业当天上午：开业典礼，精灵从天而降（抛撒鲜花），暖场环节，揭开面纱，礼仪迎宾活动环节。

2. 开业当天下午：举行大型游园活动、幸福摩天轮、大家都来猜猜看、现场打折促销活动。同时，为进场顾客发放小礼品。

九、活动安排

时间	活动安排	具体说明
7：30—8：00	工作人员到位	（1）检查确认电源及备用发电机情况，准备好各媒介的接待工作 （2）检查确认会场布置及停车场，准备配合公安、交警做好保卫、安全和交通指挥工作 （3）检查确认签到处、签到用品 （4）舞台区域电源线再检查
8：00—8：30	礼仪人员到位	（1）员工入场按方队站位 （2）主持人熟悉完善文稿 （3）舞狮队、威风锣鼓队现场站位完毕 （4）礼仪小姐站位：停车场、签到台、临时休息区、主席台 （5）摄像师到场，选择取景地点，全程采写，直到仪式结束。（要求：主题明确、画面清晰、视觉中心突出）
8：30—9：00	暖场	威风锣鼓队、舞狮队在主会场交替暖场表演
9：00—9：30	迎宾	（1）保安负责设置警戒线和维持秩序 （2）负责媒介记者的签到及标识发放 （3）保安指挥区分贵宾车辆、嘉宾车辆及其他车辆到指定地点停放整齐 （4）礼仪小姐迎宾程序：停车场接待领导至签到台签到、佩戴胸花，后将领导带至主席台现场参加典礼

续表

时间	活动安排	具体说明
9：30—9：38		迎宾队伍引导嘉宾就位嘉宾区，舞狮队、威风锣鼓队表演
9：38—9：40		主持人上台宣布开业典礼正式开始
9：40—9：45		介绍参加开业庆典的领导名单，并请领导上台就位
9：45—10：00		领导致辞
10：00—10：05	剪彩仪式	开业剪彩仪式，主持人宣布剪彩嘉宾为商场开业剪彩，同时施放10门礼炮，覆盖大楼的沙幔缓缓向两边拉开，商场正式开业
10：05—10：10		领导为瑞狮点睛，瑞狮吐福
10：10—10：30	开始营业	瑞狮引导领导嘉宾至广场内参观购物，营业开始
10：30—10：40	准备游园活动	现场准备、协调现场大型游园“挑战您的激情与速度·参与就有好礼相送”活动
10：40—12：30	现场大型游园活动	活动主办方给每一位参加活动的选手发放一个信封，信封内装有家居广场中品牌商的品牌名称，参与者在10分钟内到该品牌的专柜拿到该品牌的宣传单页，并了解该品牌正在进行的促销政策，最后回到舞台。完成任务者即可获得该品牌赠送的好礼。每次限进5人。（活动前7天，活动主办方与各大品牌协商好活动的力度以及一些小礼品的准备）

十、经费预算

略。

十一、突发事件处理预案

1. 电源故障：电源超负荷运转导致停电。

预防办法：分成多个电路铺线区域，在每个区域设置总电源，将总电源量分摊至负荷内。

处理办法：电路铺线区域安排多名电工进行紧急处理，同时防止他人进入电路区。

2. 拱门、气柱：拱门、气柱风机烧毁导致坍塌。

预防办法：备用多个风机。

处理办法：派专人看护风机，如出现风机烧毁情况，在3分钟之内更换风机，5分钟之内将拱门、气柱重新立好。

3. 下雨。

预防办法：为来宾准备雨伞（或在主席台搭建帐篷）。

4. 人员情况：礼仪小姐因堵车迟到。

预防办法：工作人员提前2小时集中人员，统一乘车至活动现场。

处理办法：如出现个别礼仪小姐迟到的情况，在安排礼仪小姐时增加2～3个名额，以增补。

5. 消防问题。

预防办法：消防人员随时对消防点（如火源点、电源接头等）进行检查，并做标记。

处理办法：由组委会安排消防人员对现场火源点进行调查，如发生火灾，马上在各通道紧急疏散人群。

6. 伤情问题：如现场人员，包括工作人员及观众出现因各种情况引起的伤情。

预防办法：常用药品的准备，如创可贴、红药水等。

处理办法：若出现伤情立即对伤员进行现场救护，严重者马上将其送往急救中心抢救。

【实战范本 3】× × 超市开业促销方案

× ×超市开业促销方案

一、活动目的

（1）创造良好的销售商机，增加客流，提升销售额，全面打响超市精彩开幕的第一仗，真正达到“首战必胜”之效果。

（2）通过开业宣传让顾客获知× ×精品生活超市的卖场是一个感觉更舒适、商品更精选、价格更便宜的生活超市。

（3）通过此次精彩开幕树立某大楼价格新形象、整体服务新形象、商品质量新形象。

（4）通过精彩开幕促销活动带动六一儿童节、端午佳节的市场占有率，提高百货大楼整体来客数、超市整体销售额。

二、活动时间

5月26日至6月6日。

三、活动主题

震撼开张，同喜同庆。

四、活动安排

活动一：场内、场外共同庆贺

活动方式	活动主题	建议供应商	活动时间	建议形式
场内活动	节庆假日商品免费试吃、厂家促销	洽谈各类供应商赞助联合开展	以天为单位开展	赞助供应商商品特卖、买一送一、现场试吃等
场外活动	厂家场外促销活动	洽谈六家以上供应商	以一家一天为单位	厂家场外活动

活动说明：

开业期间每天厂家活动以表格形式列出，在5月20日前传至营运部。

活动二：盛典起航锣鼓喧天

活动期间：5月26日。

活动形式：百货大楼前广场举行开张庆典启动仪式，部分员工参加。

活动三：红包大放送

活动时间：5月26日至27日（2天）。

活动安排　活动形式：凡活动期间顾客一次性购物满28元，均可凭当日单张电脑小票参加“开心红包大派送”活动。

红包分类如下：

每天1个面值198元的购物券。

每天2个面值98元的购物券。

每天8个面值48元的购物券。

每天1000个面值1元的购物券。

费用预算：

购物券：198×1×2=396元；98×2×2=392元；48×8×2=768元。

现金：1×1000×2=2000元。

活动四：糖果免费送

活动时间：5月29日至6月1日（4天）。

活动形式：凡活动期间光临本超市的小朋友，就有机会获得限时派发的精品糖果一把。

费用预算：600元×4天=2400元+专制服装100元=2500元。

（活动专制服装为六一儿童主题卡通服）

活动五：买就送——谨献给真正购物的狂热分子

（一）满68元送8个装鲜鸡蛋一盒

活动时间：5月26日至27日（2天）。

活动形式：开业当天前300名顾客在本超市单票购物满68元以上，凭当日单张电脑小票可获赠8个装鲜鸡蛋一盒。限送前300名，送完即止。

费用预算：6元/盒×300盒×2天=3600元。

（二）满138元送5斤装大米一袋

活动时间：5月26日至28日（3天）。

活动形式：凡在本超市单票购物满138元以上（酒、家电类商品单票满300元以上），凭当日单张电脑小票可获赠5斤装大米一袋。每天限送800袋，送完即止。

费用预算：15元/袋×800袋×3天=36000元。

活动六：百货专柜——买50送50，买100送100现金券

活动时间：5月26日至6月6日。

活动形式：活动期间顾客在百货大楼一楼专柜单票购物满50元送50元抵用券一张。（活动期间在百货专柜二次购物单张小票满200元时可使用50元抵用券直减50元。部分专柜不参与此活动，详情见店内公告）

费用预算：活动让利部分由供应商承担。

费用细则：活动期间，除自行收银专柜外，统一收银专柜必须全部参加，参加专柜商品不得擅自调价。

第十章　周年庆典活动策划

·章前导引·

组织一场成功的周年庆典，不仅可以展示企业的整体形象，彰显企业的品牌效应，还能够激发员工的自豪感和荣誉感，增强员工对企业发展的信心，进而转化成巨大的工作激情。因此，办好周年庆典有着十分重要的意义。

第一节　周年庆典活动策划认知

一、什么是周年庆典活动

周年庆典也称店庆、周年店庆，即为企业成立周岁庆典。一般而言，它都是逢五、逢十进行的。即在本单位成立五周年、十周年以及它们的倍数的时候进行。

周年庆典不是一个简单的程序化庆典活动，而是一个企业团体已经步上正轨、茁壮成长的表现。它标志着一个经济实体的成长，昭示社会各界人士——它已经站在了经济角逐的路上，在加速前进。周年庆典的规模与气氛代表了一个企业的风范与实力。

二、周年庆典的目的

商场（超市）通过周年庆典的契机，进行全方位有效宣传，在带动销售的同时，可进一步提升商场（超市）整体形象，提高商场（超市）认知度、影响力等，以此带动商铺店面销售，建立商户信心。一般来说，举办周年庆典的目的如图10-1所示。

目的一	通过庆典活动大力推广商场（超市）的社会责任感，建立其品牌美誉度
目的二	展示庆典活动中商场（超市）发展历程，让社会各界人士共同见证商场（超市）的实力和对其未来发展充满信心
目的三	通过庆典活动弘扬商场（超市）的企业文化，展现商场（超市）团队拼搏精神
目的四	让与会者参与活动的各个环节，充分了解商场（超市）

图10-1　举办周年庆典的目的

三、周年庆典的准备事项

举办庆典活动时应做到准备充分、接待热情、头脑冷静、指挥有序。一般来说，举办周年庆典前需做好如图10-2所示的准备工作。

工作一	安排各项接待事宜，事先确定签到、接待、剪彩、摄影、录像、扩音等有关服务礼仪人员
工作二	可在庆典活动中安排节目，如舞龙等；还可邀请来宾题词，以作为纪念
工作三	庆典结束后，可组织来宾参观本组织的设施、陈列等，增加宣传的机会
工作四	通过座谈、留言形式，广泛征求意见，并综合整理、总结经验
工作五	确定庆典活动主题，精心策划安排，并进行适当的宣传
工作六	拟定出席庆典仪式的宾客名单，一般包括政府要员、社区负责人代表、同行代表、员工代表、公众代表、知名人士等
工作七	拟定庆典程序，一般为签到、宣布庆典开始、宣布来宾名单、致贺词、致答词、剪彩等
工作八	事先确定致贺词、答词的人员名单，并拟好贺词、答词。贺词、答词应言简意赅
工作九	确定关键仪式人员，如剪彩、揭牌、托牌等；除本单位领导外，还应邀请德高望重的知名人士

图10-2　周年庆典的准备工作

第二节　周年庆典活动策划要点

一、周年庆典活动的筹备

组织筹备一次周年庆典，如同进行生产和销售一样，先要对它做出一个总体的计划。商场（超市）在筹备周年庆典活动时，要把握如图10-3所示的两大要点。

图10-3　周年庆典活动的筹备要点

既然周年庆典是庆祝活动的一种形式，那么它就应当以庆祝为中心，把每一项具体活动都尽可能组织得热烈、欢快而隆重。不论是举行庆典的具体场合、庆典进行过程中的某个具体场面，还是全体出席者的情绪、表现，都要体现出红火、热闹、欢愉、喜悦的气氛。唯有如此，庆典的宗旨——塑造本单位的形象、展示本单位的实力、扩大本单位的影响，才能够真正地得以贯彻落实。

庆典所具有的热烈、欢快、隆重的特色，应当在其具体内容的安排上得到全面的体现。

二、周年庆典活动的策划要求

要想举办一场成功的企业周年庆典，必须事先做好周密的安排和计划，尽量考虑到可能出现的各种问题和突发情况，做到未雨绸缪。唯有如此，才能胸有成竹、稳步推进，让企业周年庆发挥应有的作用。在策划周年庆典时，可按如图10-4所示的要求操作。

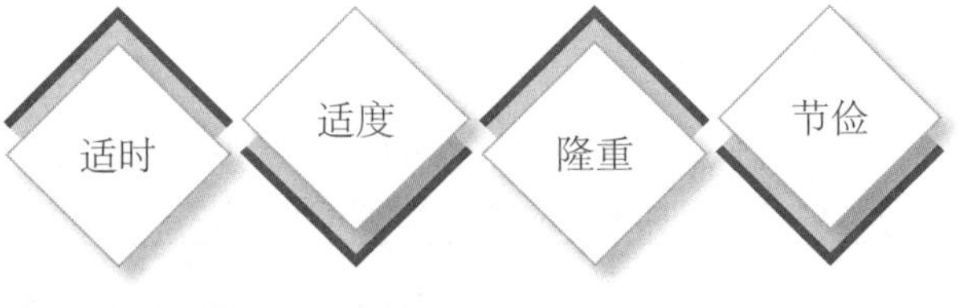

图10-4　周年庆典活动的策划要求

（一）适时

一般来说，周年庆的时间是固定的，但是，如遇重大节日，为了达到更好的宣传效果，庆典活动的时间可以提前，但不能推后。同时，要考虑有关重要领导或嘉宾能否出席、气候及前后节庆情况等因素。

（二）适度

庆典活动是一种礼仪性活动。典礼的规模、形式要与企业实力、经营规模、场地大小、地理位置等情况相符合，经营面积不大却弄一个特大规模的庆典只会弄巧成拙、沦为笑柄。

（三）隆重

典礼是一种热烈庄重的仪式，需要一定的隆重热烈程度。这样既可以鼓舞人心，又可以扩大影响。在现场布置、形式选择、程序安排等环节多下功夫，努力营造隆重、热烈、欢庆、和谐的气氛。同时，还要力求形式新颖、具有创意。一般化的庆典活动无法留给人深刻印象，也不可能取得令人难忘的轰动效果。

（四）节俭

庆典活动既要隆重热烈又要简朴务实。在规模、规格上要严格控制邀请人员的级别、数目，不能一味追求“高、大、全”。在项目、程序上尽量从简，可以省去的一些环节和形式应当坚决去掉。典礼也要奉行“少花钱多办事”的原则，不能摆排场讲阔气铺张浪费。

三、周年庆典活动策划注意事项

周年庆典活动是很多商家展示自己、提升自己的一个契机，所以很多商家对此都非常重视，那么，怎么策划周年庆典活动呢？策划周年庆典活动需要注意如图10–5所示的几个事项。

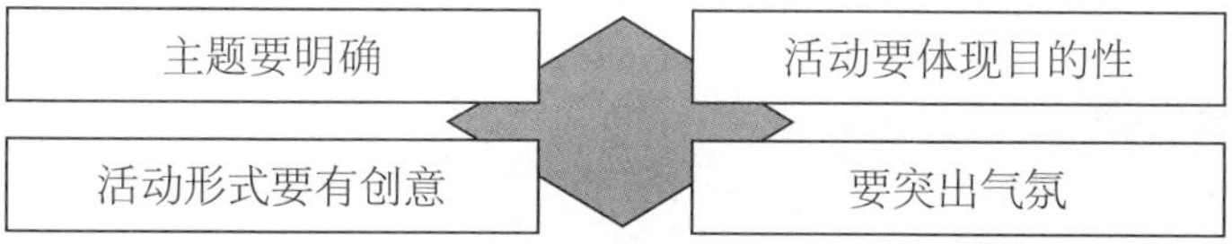

图10–5　周年庆典活动策划注意事项

（一）主题要明确

不同的主题含义不同，商场（超市）可以乘庆祝周年庆典之机举办大促销活动，借机提升商场（超市）的销量，提升效益；也可以借助周年庆典活动举办类似感恩周年庆典，主要是面向内部员工、企业客户等的一种感恩活动。

（二）活动形式要有创意

创意始终是活动的灵魂，也是活动获得成功的关键，所以，在进行活动策划以及活动设置的时候要突出创意，在活动方式、节目类型等方面要与众不同，这样才能有很好的吸引力，才能使活动吸引人，才能获得成功。

（三）活动要体现目的性

活动要体现目的性，就是要发挥活动的重要作用，发挥活动的效能，所以主办方一定要从上到下都重视起来，特别是企业重要领导、企业高层一定要重视起来，只有领导重视了，员工才会重视，活动也才能起到应有的作用，否则很容易使活动沦为走过场。

（四）要突出气氛

在活动的宣传方面要注意与活动主题等相配合，进行适当的活动宣传，扩大活动的影响面。另外，在活动期间一定要注意活动氛围的营造，活动舞台、活动场地的搭建、装饰等都要到位。

【实战范本1】××商场十周年店庆国庆促销活动方案

××商场十周年店庆国庆促销活动方案

一、活动主题

××璀璨十周年，感恩回报顾客情。

二、活动时间

9月28日至10月7日。

三、活动安排

1. 店庆热力回报。

9月30日至10月2日满200元立减100元，满400元立减200元，以此类推（价签标零、特例品除外）。

2. 生日同庆。

9月30日场庆当天，持同日出生10岁儿童户口簿的顾客，可在服务台对面礼品发放处领取精美蛋糕一个（限99份，赠完为止）。

3. 限量抢购。

（1）9月30日和10月1日进场前10名的顾客，可以9元价格购买××时尚手环一个（价值38元）；39元购买××七孔枕一个（价值66元）；49元购买××单人薄被一床（价值115元）。

（2）9月30日至10月2日进场前10名顾客可以69元价格购买××荞麦壳木棉枕一个（价值158元）；269元购买××纯棉五件套一套（价值718元）。

4. 限时抢购。

10月5日至6日下午2:00至3:00二楼新品羊绒衫、羊毛衫全场7折限时抢购（部分品牌、特例品除外）。

5. 礼赠贵宾。

9月28日至10月7日，持贵宾卡购物满299元送精美水杯一个，限19份。购物满799元，可办理购物中心VIP卡一张，同时可享受礼品一份。每天办卡限30张，礼品赠完为止。

6. 与××同庆，与奥运同行。

9月30日上午9:30至12:00在××路大门外一侧举办“迎奥运、讲文明、树新风、从我做起”大型公益签名活动（赠送度假村贵宾券）。

7. 文娱广场庆场庆、国庆。

钢琴演奏、个人演唱大赛精彩纷呈（9月30日至10月3日）。比赛报名时间延长至9月30日。报名地点：总服务台。

8. 各专柜感恩回馈优惠酬宾活动。

（1）1F珠宝区。

举办“新婚珠宝节”——购满10000～100000元均有超值礼品赠送，18K金饰品6.5折优惠，钻石饰品、翡翠饰品全场5折酬宾（个别品牌、特例品除外），以上活动详见柜台明示！

（2）化妆品独家赠品。

欧珀莱：满980元赠4件试用装。

玉兰油：满200～600元赠奖品。店庆当日有独家赠品（限9月30日一天）。

露华浓：庆新柜落成，购满398～998元，赠送惊喜独家礼品。

羽西、欧莱雅、美宝莲、ZA活动期间有独家赠品赠送。

（3）专柜促销活动。

各化妆品专柜在活动期间均有丰厚礼品赠送。同时购满300元专柜产品，赠送丝巾1条。

（4）丝巾专柜全场6～7折优惠，购满150元专柜产品送丝巾1条，帽子专柜全场8折优惠。

（5）精工、西铁城、飞亚达、天霸、天王、依波等品牌手表购物赠礼品，部分款式8～9.2折酬宾。

（6）太阳镜8折，配镜7折（隐形眼镜、老花镜除外）。各种赠品赠完为止。

（7）鞋帽专柜举办“辉煌十周年，××与您同行”促销活动。

皮尔·卡丹男鞋：秋季新款8.5折；哈森：新款秋鞋满300元减100元；星期六：秋季新款7折；漂亮宝贝：全场新品单鞋5～8.8折；花花公子、犀牛：全场7.5折，同时有赠品；雅乐士：部分5～6折，8折以上商品赠雅乐士袜子1双；高尔夫、花花公子、暇步士、爱思、圣大保罗、比华利保罗、沙驰、华伦天奴、金利来、里欧尼斯、U·SPOLO箱包5～8折酬宾。

（8）2F“休闲之秋”少淑休闲装打折酬宾。

艾格、艾格周末、ES全场秋装购满300元减90元，购满400元减120元；连奴女装全场满200元减100元；霸狮腾新品全场7折优惠；莫菲专柜9月30日至10月3日购满318元即可抽奖一次（刮刮卡），中奖率100%；黛安芬内衣购满600元可参加刮刮卡活动，一等奖立减150元，二等奖立减100元。

（9）3F“收获金秋，真情回馈”男装回馈酬宾。

威可多2980元西装+690元衬衣+580元领带只需3299元，3900元西装+690元衬衣+580元领带只需3999元，4800元西装+690元衬衣+580元领带只需4699元，如选880元衬衣，则另加159元任意款组合；米盖尔、总统满200元减100元；马莱特、路易韦根、雅戈尔、罗蒙、恺王、奇格尔曼、剑龙、红豆衬衫5～8折；劲霸：买一赠一；鳄鱼、威鹏另有优惠。

（10）10月1日至7日时装独有品牌优惠酬宾——简凡、舒拉密全场7折；红蜻蜓参展商品7折；白领风采全场满200元减40元。

（11）4F床上用品满减活动，全场5～8折酬宾（部分商品除外）。运动服饰、运动鞋5～8折酬宾（部分商品除外）。

（12）儿童家居用品优惠酬宾。

儿童鞋5～8折；儿童服装5～9折（部分商品除外）；部分文具8.5折，灯具9折酬宾，飞利浦、松下小家电全线8.5折；健身器材全场7.5折（特例品除外），同时购满健身器材1000元以上有礼品赠送。

（13）特卖酬宾。

9月27日至10月3日大型促销活动，买正价产品满200元减20元，部分产品、礼盒5～7折。

9月28日至10月7日顶呱呱内衣全国巡展，大型特卖。

9月30日牧津羊绒衫大型展卖活动。

10月4日至11日雪莲羊绒衫大型特卖会。

四、相关部门责任

1. 策划部负责设计制作。

2. 前台部负责礼品登记发放，并提供活动解释、顾客咨询等服务。

3. 奖项在现场送出，如中奖者不在，次日以POP形式通知。

4. 防损部做好活动的安全工作。

5. 奖品由采购部洽谈，或现金购买。

6. 人事部负责调出贵宾卡，由前台签收发放。

【实战范本2】××超市七周年店庆促销活动方案

××超市七周年店庆促销活动方案

一、活动目的

抓住七周年庆的有利商机，开展一系列的促销活动，利用店庆宣传焦点制造消费热点，吸引客流，扩大影响，提升品牌知名度，从而提高店内销售额。

二、活动时间

11月1日—7日。

三、活动主题

欢聚七周年，倾情奉献。

四、活动安排

（一）一重礼：欢庆七周年会员积分加倍送（针对持卡顾客）

1. 活动时间：11月1日—7日。

2. 活动内容：活动期间，凡持会员卡来我超市购物的顾客朋友，将享受双倍积分。

注：以上优惠活动至11月8日恢复正常。

（二）二重礼：精彩七周年购物大奖等你拿

1. 活动时间：11月1日—7日。

2. 活动内容：活动期间，凡在本店购物满88元的顾客，可凭11月1日至7日单张电脑小票参加11月10日抽奖活动。（详情请见店内海报）

3. 奖项设置：一等奖1名：奖价值219元格兰仕电磁炉1台；

二等奖3名：奖价值119元四件套1套；

三等奖10名：奖价值88元枕芯1对。

4. 费用预算：××电磁炉200元（进价）×1名=200元；

四件套117元（进价）×3名=351元；

枕芯一对70元（进价）×10名=700元。

5. 操作细则：活动期间，凡在本超市（限超市区）购物满88元的顾客，只要在当日电脑小票后面写上您的姓名、联系电话、身份证号码，投入指定抽奖箱内，即可参加购物中大奖活动。

（1）中奖者名单将在店内信息板公布，并通过电话通知获奖者。

（2）11月9日晚上9:00封箱，不再投放。

（3）颁奖时间为11月10日下午3:30。

（三）三重礼：实惠七周年开门欢乐送

1. 活动时间：11月1日—3日。

2. 活动内容：活动期间，凡在以下时间段来我超市购物满98元（烟酒、家电满188元）的顾客朋友，即可凭电脑小票至活动处领取面条一筒400克，每人每票限送一筒，送完即止。

（1）8:00—10:00，限送200筒。

（2）14:00—16:00，限送180筒。

（3）19:00—20:00，限送120筒。

3. 费用预算：5元/筒×500筒×3天=7500元。

注：小票不累计相加、不分解，当日单张电脑小票限送一份，派发时间以小票打印时间为准，特价商品、烟、油不参与此次活动。

（四）四重礼：喜庆七周年超值大换购

1. 活动时间：11月1日—7日。

2. 活动内容：活动期间，凡在我超市一次性购物满98元（烟酒、家电满188元）的顾客朋友加2元可换取舒肤佳香皂一块或佳洁士牙膏140克一支，换购时间段如下。

（1）8:00—11:00，限换300份。

（2）18:00—21:00，限换300份。

3. 费用预算：（5.4元－2元）×600份/天×7天=14280元。

注：小票不累计相加、不分解，当日单张电脑小票限换一份，换购时间以小票打印时间为准，百货、大宗购物不参与此次活动。

（五）五重礼：欢聚七周年天天购惊喜

1. 活动时间：11月4日当天。

2. 活动内容：活动期间，凡来我超市区一次性购物满以下金额可领取或换取赠品一份。

（1）8:00—12:00。

满68元（烟酒、家电满168元）送5个装鸡蛋一份（限400份/天）或满68元（烟酒、家电满168元）加2元换取价值6元洗衣粉一袋（限500份/天）。

（2）14:00—20:00。

满88元（烟酒家电满198元）送纸巾一条（限400份/天）；满88元（烟酒家电满158元）加2元换2升可乐一瓶（限500份/天）。

注：小票不累计相加、不分解，当日单张电脑小票限换一份，派发和换购时间以小票打印时间为准，百货、大宗购物不参与此次活动。

特别提示：以上重复时间的活动，单张电脑小票限参与一项优惠活动。

3. 费用预算。

鸡蛋：4元×400份×1天=1600元。

纸巾：4元×400份×1天=1600元。

洗衣粉：（6－2）元×500份×1天=2000元。

2升可乐：（6－2）元×500份×1天=2000元。

合计费用：7200元。

（六）六重礼：Happy七周年生日蛋糕共分享

1. 活动时间：11月1日。

2. 活动内容：今天是我的生日，在这喜庆的日子里，我们的成长离不开你的支持和关爱！活动当天，我们为和我们同一天生日的顾客准备了生日蛋糕！凡在本超市购物满288元的顾客，可免费领取价值68元的生日蛋糕一个！数量有限，送完即止。

3. 费用预算：680元。

（七）七重礼：时尚两周年百货折扣大酬宾

1. 活动时间：11月1日—7日。

2. 活动内容：指定专柜一律6折大酬宾。

3. 费用预算：此费用由百货指定专柜按方案统一执行。

（八）八重礼：广场活动（厂商周活动）

1. 活动时间：11月1日—3日。

2. 活动内容：由区采购部和地采洽谈大的厂家安排三场路演；可安排赞助供应商的场外促销活动。

五、广告宣传

1. 海报宣传（费用×××元）。

提前2天地毯式派发20000份至1～3号商圈，派发责任到人，费用×××元。

2. 店内外气氛和宣传（×××元）。

（1）街道横幅宣传50条，悬挂于各社区和人流集中街道侧，范围为1～2号商圈。

（2）拱门4个、条幅2条、巨幅1张。

（3）大门口活动看板、店内气氛吊牌、活动内容吊牌、气球活动道具等。

（4）费用预算：

拱门××元/个×4个=×××元（请区商品部给予赞助支持）；

条幅××元/条×2条+巨幅××元/张×1张=×××元（请区商品部给予赞助支持）；

店内气氛吊牌、气球、装饰等×××元。

广告宣传费用预算：×××元。

3. 报纸电视宣传（×××元）。

（1）《××××报》1/3彩版，活动内容和惊爆商品宣传和相关软文报道。

（2）××××电视台挂角广告。

费用预算：报纸费用×××元，电视广告×××元。

4.官方网站、官方微博、官方微信和公众号等宣传。

第十一章　节日促销活动策划

·章前导引·

一直以来，节日促销是企业、商家着力打造的重要营销手段之一。商场（超市）可以运用多种不同的促销模式，反复开展促销活动，并熟练运用优惠券、样品赠送、返还、以旧换新等多种工具，全面完善促销效果。

第一节　节日促销活动策划认知

一、什么是节日促销

顾名思义，节日促销就是指在节日期间，利用消费者的节日消费心理，综合运用广告、公演、现场售卖等营销手段，进行的产品、品牌的推介活动。节日促销旨在提高产品的销售力，提升品牌形象。

拓展阅读

节日的分类

1. 公众法定节日

如元旦、春节、清明节、劳动节、端午节、中秋节、国庆节等。

2. 部分公众节日

如三八妇女节、五四青年节、六一儿童节等。

3. 相关重要纪念节日

如情人节、七夕节、母亲节、父亲节、教师节等。

当然，推广活动不同，节日的重要性也不同，比如，七夕节、情人节绝对是男女之间浪漫的专利。

4. 民俗时令

如重阳节、元宵节、腊八节等。

5. 国内商家自定节日

如店庆日、促销季、美食节等。

二、节日促销的原则

每年下半年，中秋、国庆刚结束不久，又将迎来平安夜、圣诞节、元旦，以及中国人非常重视的春节，这一个又一个节日的到来，也成了商家们做促销的好时机，然而，如果想要把节日促销做好，还得掌握一定的原则。具体如图11-1所示。

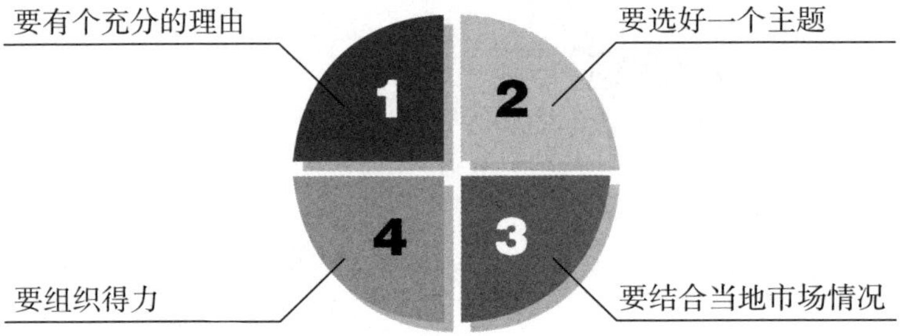

图11-1　节日促销的原则

（一）要有个充分的理由

在参与节日促销之前，必须搞清楚为什么要进行促销。

比如，过年送礼在中国是民俗，所以好多产品推出礼品装。另外，一些平日里消费较大的奢侈品也适合在节日搞促销，这些奢侈品的促销计划和装扮，除了迎合喜庆的文化氛围，还应该考虑消费者的消费心理，设计的活动切不可只重出彩，更应该考虑能否给自身带来销量。

（二）要选好一个主题

节日的促销主题设计有几个基本要求，具体如图11-2所示。

要求一	要有冲击力，让消费者看到后记忆深刻
要求二	要有吸引力或者令人产生兴趣，例如很多厂家用悬念主题吸引消费者继续探究
要求三	要简短、易记，有些主题长达十几个字甚至更多，谁也没有精力理睬

图11-2 节日的促销主题设计要求

（三）要结合当地市场情况

理性预测和控制投入产出比，切不可盲目跟风，挥金如土；突出自己的优势和卖点；事实上，节日促销活动的计划要“因己制宜”，这样才能取得良好的效果。

（四）要组织得力

节日促销的环境嘈杂，人多，因此组织实施更要有力。搞好节日促销，要事先准备充分，把各种因素考虑到，尤其是促销终端人员，必须经过培训指导，否则如果引起消费者不满，活动效果将会大打折扣。

很多商家看到别的品牌在促销，自己也搞促销，这样的被动促销并不能够保证生意的火爆，往往还会导致亏损。如果想要促销生意做得好，只有把握以上这些原则，才会真正对自己的事业有利。

三、节日促销的策略

节日的消费份额已经成为市场总消费份额中重要的组成部分，商场的管理者看中了这一片广阔的市场前景，将重点放在促进消费增长的任务上，在较大范围内获得了成功。同时，人们也在节日的促销中得到了优惠，双方形成了互惠互利的关系，是市场上的一种良性发展。商场（超市）在进行节日促销时，需要讲究一定的策略，具体如图11-3所示。

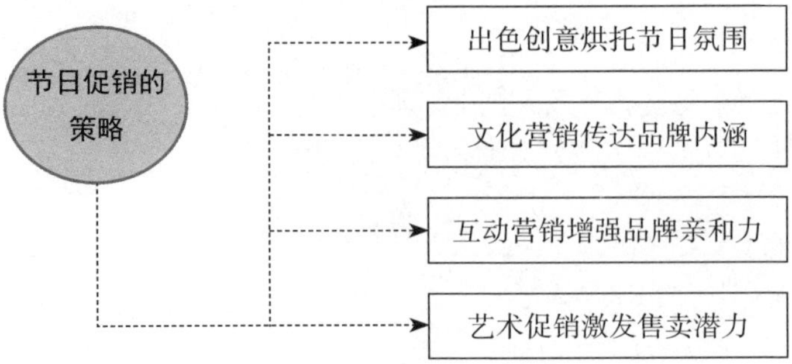

图11-3　节日促销的策略

（一）出色创意烘托节日氛围

节日是动感的日子、欢乐的日子，捕捉人们的节日消费心理，寓动于乐，寓乐于销，制造热点，最终实现节日营销。针对不同节日，打造不同活动主题，把更多顾客吸引到自己的卖场来，营造现场气氛，实现节日销售目的。

（二）文化营销传达品牌内涵

文化营销嫁接节日的文化氛围，开展有针对性的文化营销。我国的许多节日都有丰富的文化内涵，如母亲节、情人节、中秋节、端午节。为此，商场在节日促销时一定要把握住节日的文化内涵，充分挖掘和利用节日的文化内涵，并与自身经营理念和企业文化结合起来。这样不仅可以吸引众多的消费者，在给消费者带来艺术享受的同时，也能带来良好的市场效益，树立良好的企业形象。

比如，情人节可在卖场开展“情侣过三关”和“汤圆代表我的心”等活动。

（三）互动营销增强品牌亲和力

生活水平的提高使消费者的需求开始由大众消费逐渐向个性消费转变，定制营销和个性服务成为新的需求热点，商家如能把握好这一趋势，做活节日市场也就不是难事了。

比如，深圳沃尔玛曾开辟先例，让顾客自己设计礼篮，或提供不同型号的礼篮，由顾客挑选礼品，不限数量、品种、金额，既可迎合不同的消费需求，又可充分掌握价格尺度。此举一经推出便受到消费者的欢迎，不仅大大增加了生鲜部的利润，也促进了其他部门的销售。

（四）艺术促销激发售卖潜力

节日营销的主角是价格战，广告战、促销战均是围绕价格战展开。能否打好价格战是一门很深的学问，许多商家单纯地认为节日就是降价多销，其实，这种做法落入了促销的误区，结果往往是赔本赚吆喝。

当然，作为节日营销的惯用方法，诸如“全场特价”“买几送几”的煽情广告已司空见惯，千篇一律，对消费者的影响效果不大。因此，如果真要特价也要处理得当，讲究点儿创意和艺术，其中“梯子价格”的做法就值得一试。

比如，第一天打9折，第二天打8折，根据具体情况，以此类推。这样消费者会有这样的心理：“我今天不买，明天就会被他人买走，还是先下手为强。”事实上，许多产品往往在第二时段或未经降价就被顾客买走。因此，“梯子价格”既激活了超市人气，又延长了节日效应，可以拉动产品销售的黄金期。

第二节　节日促销活动策划要点

一、节日促销活动策划的步骤

商场（超市）应针对不同节假日的特点，事先做好活动策划工作，因为真正的成功往往只属于那些能准确地捕捉商机、有备而来者。商场（超市）可按图11-4所示的步骤做好节日促销活动策划。

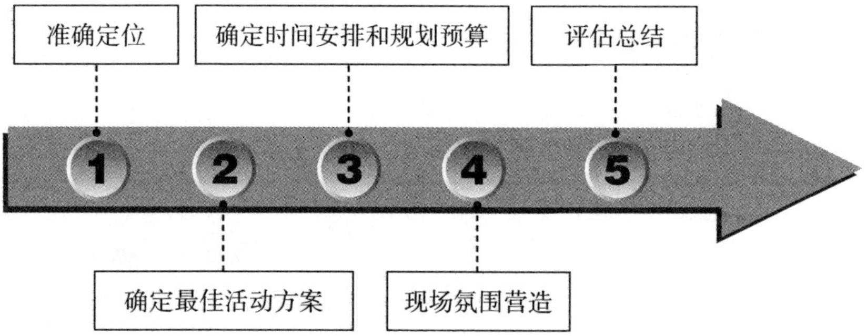

图11-4　节日促销活动策划的步骤

（一）准确定位

准确定位主要体现在主题鲜明方面，明确是传达品牌形象宣传还是现场售卖，不要陷入甩卖风、折价风的促销误区。另外，也需要了解竞争对手的动态，特别是在几个大的节日，竞争对手最新的促销意图，比如新品状况、折扣情况、赠品分派情况、新产品引进情况等。

（二）确定最佳活动方案

除了事前周密的计划和人员安排，还要有一个好的方案，如此才能发挥团队作战的优势，团结一致，齐心协力地做好工作。具体要求如图11-5所示。

所有的活动安排和物料准备要紧扣活动主题，总负责人要清楚活动的每个环节，了解各块的进度，及时发现和解决活动现场出现的新问题

要对参与活动的人员进行详尽的培训，把活动的目的和主旨深入传达到每个人心中，充分调动每位员工的积极性和责任感

图11-5　确定活动方案的要求

（三）确定时间安排和规划预算

再好的策划、再好的时机，如果没有完整准确的规划预算，届时产品不充足、促销品不到位、顾客该买的买不到或该拿的拿不到，也必定影响整体活动的效果。

（四）现场氛围营造

节日活动气氛包括以下两部分。

1. 现场氛围

现场氛围包括气氛海报、POP张贴、装饰物品的布置、恰到好处的播音与音乐，这些将会在很大程度上刺激顾客的购买欲望。具体而言，做好主题广告宣传，从色彩、标题到方案、活动等均突出节日氛围，以主题广告营造节日商机。

2. 员工心情

员工心情的好坏也会直接影响到节日活动气氛。这就要看组织者能否调动员工的积极性了。其中最有效的方法就是制定一个恰当的任务与销售目标，活动结

束后按照达成率情况进行奖赏。

（五）评估总结

每次节日营销整体活动都需进行一番很好的评估总结，这样才能提升节日营销的品质和效果。

比如，本次活动销量情况、执行有效性、消费者评价比、同业反映概况等。

分析每次活动的优点和不足；总结成功之处，吸取经验教训。评估总结就是为今后规避风险、获取更大的成功。

二、节日促销活动策划的细节

节日促销是营销的重要一环，中国人对于重要的节日一向有着特殊的情怀，喜欢在节日期间进行采购。所以，商家自然是充分利用消费者的节日消费心理这一点，逢节日必促销已经成了定律。一般来说，商家在策划节日促销活动时，需注意如图11-6所示的细节。

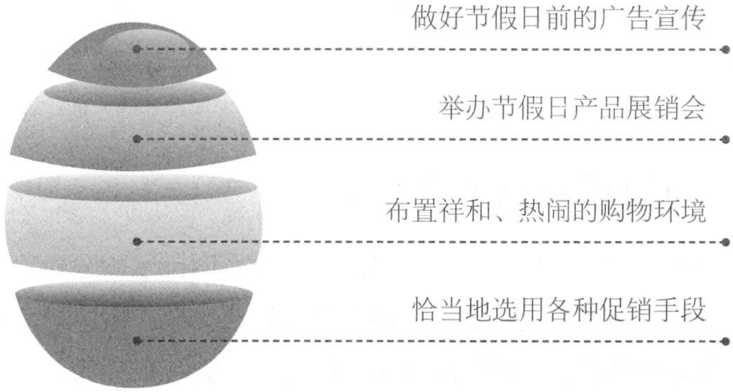

图11-6 节日促销活动策划的细节

（一）做好节假日前的广告宣传

很多消费类产品，如家用电器、服装、酒类、食品等在节假日都会达到旺势，但这种节日消费并不是短暂的一两天，而是在一段时间内均具有销售潜力，因此，一定要发动先期的广告宣传攻势，引导顾客在节假日的消费，促成销售旺势的形成。

（二）举办节假日产品展销会

商场（超市）应选定合适的节假日，在商场门前或商场活动厅内举办产品展销会。展销会的形式要生动活泼、观赏性强、参与性强，这样才能吸引过往的顾客驻足观看。在产品介绍中穿插歌舞表演、时装表演等，进行现场有奖问答，让消费者在积极地参与活动中了解产品，认知产品，激发购买兴趣。

（三）布置祥和、热闹的购物环境

良好的购物环境与氛围也是促成购买决策的一个因素，应对商场进行精心装扮，统一布局店面广告，商品陈列整齐美观，独具匠心地使用装饰品，如气球、灯笼、彩旗、霓虹灯等，烘托出祥和、热闹的节假日气氛。

（四）恰当地选用各种促销手段

节日前，顾客们都持币待购，货比三家，只盼着能在节假日里花最少的钱买到称心如意的商品，得到最好的服务。假日的销售总量虽比平时多，但也有定值。而且目前是买方市场，顾客挑选的余地非常大，谁家的优势大，顾客就会选择谁。所有优势当中，价格是最敏感的因素，为了吸引顾客，商家可以协调厂商审慎地选用降价、优惠、打折、赠送等促销手段，把节日的销售做得红红火火。

三、节日促销活动策划的关键

节日促销活动好做，也不好做，好做是指一般不用为主题烦恼，很好确定；不好做是指有新意、有特色的“出彩”的节日促销活动较难做。因为节日的促销活动稍不留心，就容易感觉很平淡，因为你想到的，大家也都想到了。

如何从“平”中见“奇”，如何策划出有新意、有特色的节日促销活动呢？商场（超市）可以抓住如图11-7所示的两个关键点。

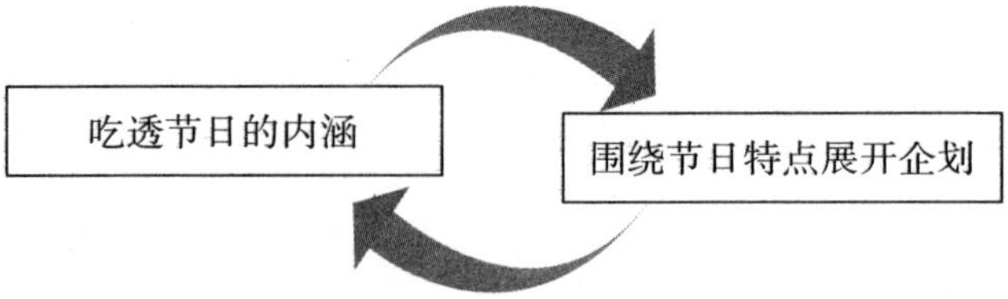

图11-7　节日促销活动策划的关键

（一）吃透节日的内涵

现在很多节日促销活动亮点不多，而雷同居多，千篇一律，其中很大一部分原因就是策划人对具体的每一个节日的内涵可能挖掘不够，了解的程度有限。

节日的内涵可以细分，具体如图11-8所示。

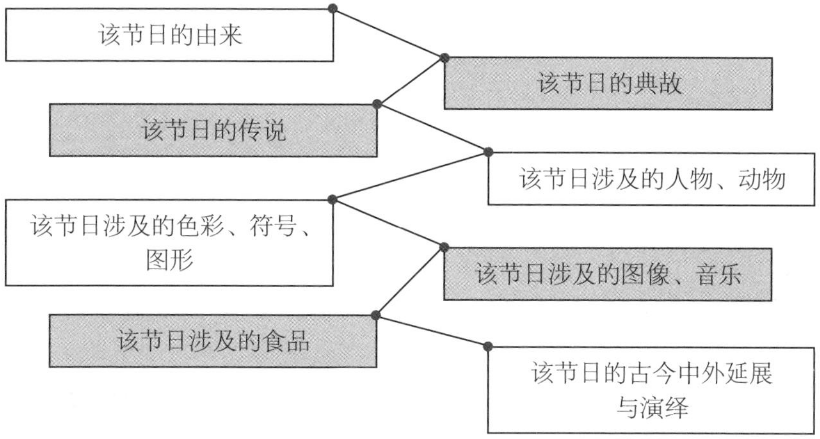

图11-8　节日的内涵

由上图可以看到，一个节日涉及的内容很多很多，任何一个因素我们吃透后，作为策划时的延展与创意，都足以让我们与众不同。很多节日活动之所以平淡无奇，是因为很多时候我们只是把它当成了一个节日的抽象符号，事实上，在该节日的后面隐藏着很多内容，我们没有去挖掘，只看到了表面，而没有看到下面的黄金钻石。

（二）围绕节日特点展开企划

找出节日促销活动容易平淡无奇的原因后，对商场（超市）而言，要想策划好节日促销活动，首先要对该节日有充分的了解，并深挖该节日的内涵，将涉及该节日的一切信息、元素等进行搜集、整理，为己所用。掌握的该节日的内涵信息越多，手里的策划“武器”就越多，突破点就越多，这样在策划时就有具体的突破口与发力点。

此时，再根据丰富多彩而又鲜活的节日信息，就会让我们的联想更有针对性，使之“虽天马行空，但形散而神不散”，做到让一档节日促销活动既有显著的商业效果，又包含深厚的文化内涵。

比如端午节，涉及的关键词如下。

（1）具象的：屈原、伍子胥、汨罗江、龙舟、粽子、菖蒲、艾草。

（2）意象的：投江、祭奠、怀念、爱国、辟邪、民俗。

（3）符号的：屈原的图像、龙舟、粽子、菖蒲、艾草。

（4）典型符号的：粽子。

（5）色彩归类：绿色——粽子、黄色——龙舟、蓝色——汨罗江。

按上面罗列的端午节所涉及的关键词，对每一个名词、每一个信息点、每一个角度都可以展开联想，进行“节日促销”与“节日助兴促销”活动的有关策划。

由“粽子”展开联想——包粽子——包粽子比赛、包粽子DIY、粽子展销、南北粽子大荟萃；由“龙舟”展开联想——划龙舟——划龙舟比赛、龙舟摄影比赛趣味、儿童龙舟绘画展；由“菖蒲、艾草”展开联想——趣味知识告诉你“菖蒲、艾草”功用等。

有了众多的节日信息点和可利用元素后，策划与设计活动就可最大化地回避常见的策划雷同，避免节日活动的“空洞化”，将别人不为所知，或鲜为人知的节日元素呈现出来，凸显出一个自我的有新意、有特点、“出彩”的“节日促销活动”。

【实战范本1】××商场元旦促销方案

××商场元旦促销方案

一、活动目的

讲究新年的“新”，突出好礼的“礼”。将节日休闲购物与享受实惠娱乐完美结合，让顾客在卖场内感受到新年的愉悦和购物的乐趣，充分体现××商场的家园式购物氛围及无微不至的人性化服务。

二、活动时间

1月1日—3日。

三、活动主题

新年新景象，××好礼多。

四、活动安排

（一）寒冬送温暖——新款羽绒服热卖（1月1日—3日）

羽绒服为冬季时令性商品，现正处于销售旺季，在二楼中厅布置大型羽绒服特卖场，展销如康博、波司登等各大品牌羽绒服，5～7折热卖（部分折扣较低厂家可与超市共同承担扣点）。

（二）新年送惊喜——爱心大换购（1月1日—3日）

凡在本商场购物满300元，加6元可换购价值18元的商品（如微波炉保鲜盒）；购物满2000元，加6元可换购价值88元的商品（如电饭煲一个、电吹风一个）；购物满3000元，加6元可换购价值188元的商品（如电磁炉一个）；购物满5000元，加6元可换购价值300元的商品（如手机一部或DVD一台）。

操作说明：凭购物小票至服务台换购商品，并在小票上盖章以示有效，如某商品已换购完，可用同价值商品替换。

（三）海报换礼品——剪角来就送（1月1日）

为吸引人气，烘托节日气氛，为节日期间来商场的顾客带来一份惊喜，凡凭本商场节日活动促销彩页特设定的“好礼剪角”和购物小票（金额不限），均可到客服中心获赠××商场日历一本，限每人一份，赠完为止。

（四）好礼贺新年——购物送会员（1月1日—3日）

为更好地挖掘潜在客源，发展会员，为商场带来稳固的消费群体，同时为春节消费高峰提供更多的客流保证，值元旦促销之际，特举行购物送会员卡活动。活动期间凡在本商场购物满200元以上，均可免费获赠会员卡一张，不累计赠送（已赠者小票加盖已赠章，由市场部组织，配合实施）。

五、活动评估

本次促销活动旨在渲染商场节日气氛，烘托商场购物氛围，吸引更多的顾客，送实惠及娱乐于大众，对商场销售额的提升及形象塑造均有较大益处。

各促销措施需得到厂家支持，各相关业务部门应与厂商积极协商，方可达到事半功倍的效果。商场各部门针对本次活动应积极实行人员及物资的配合，特别是人力资源部门，应及时组织相关工作人员下到卖场协助工作的开展。本次活动应成立专门指挥小组，由总经理为组长，统一指挥，统一调度，为活动的顺利开展做好充分的后台工作。

六、媒体宣传

对今后所有的促销活动，应至少提前半个月进行大面积推广。可使用的推广方式如下。

（一）彩页宣传

制作一期大小为8开的纸质彩色宣传页，内容以元旦期间本商场活动内容和特价商品为主（附带领取赠品剪角），由员工散发或夹报发送（截止到12月28日前散发完毕）。

（二）线上宣传

在企业微博、微信公众号、企业网站、微信朋友圈、App 小程序上发布元旦促销广告。

（三）其他

开展电梯灯箱广告、易拉宝展架、LED屏滚动播出等。

【实战范本 2】××商场春节促销活动策划方案

××商场春节促销活动策划方案

一、活动目的

稳定老顾客，发展新顾客，引导消费者，在节日期间提高销售额。

二、活动主题

缤纷时代、冬日情怀。

三、促销活动

（一）活动1：全场商品3折起

1. 活动内容。

部分商品限量特卖活动期间，全场商品3～8折销售（六楼百元街全场8折），对于部分不能进行折扣销售的品牌，也可以自活动之日起每天推出两款应季商品特价销售，每天限量销售3～5件（原则上按成本价销售）。

2. 活动规则。

（1）活动期间商品折扣部分全部由厂家或供应商自行承担。

（2）厂家或供应商要根据实际情况自行确定，但严禁调高售价后再打折。

（3）业务招商主管和客务员要对“调高售价再打折”情况进行严格监督，一经发现虚假打折情况公司将按相关规定严肃处理。

（4）限量销售商品由业务招商部给出专用编码，商场只扣缴2%的广告费，其余费用不再扣缴。

（5）活动期间，财务将对限量销售商品进行单独结算。

（6）足金、铂金、名表、部分化妆品不参加本活动。

（二）活动2：购物送券、超值实惠

1. 活动内容。

活动期间，凡当日在1～5楼累计购物满300元（现金部分）送60元礼品券（B券），满600元（现金部分）送120元礼品券（B券），以此类推，多购多得（以300元为整数单位，零头不计）。

活动期间，在1～5楼累计购物满500元（现金部分）（活动期间消费金额均可参加累计），再送50元全场十足抵用券（A券），满1000元送100元全场十足抵用券（A券），以此类推，多购多得（以300元为整数单位，零头不计）。

2. 活动规则。

（1）活动期间所送礼品券（B券）由商场和接受方各承担50%。

（2）足金、铂金、名表、部分化妆品、裘皮及特卖商品不参加满500元送50元十足抵用券（A券）活动。

（3）活动期间所送赠券（A券）全部由商场承担（限参加活动1的厂家或供应商）。

（4）活动期间既不打折销售又不进行商品限量特价销售的厂家或供应商，将按销售额与商场各自承担满500元送50元赠券（A券）的50%（特种商品如足金、铂金、名表、部分化妆品除外）。

（5）赠券（A券）、礼品券（B券）领取地点：六楼促销服务台。

（6）赠券（A券）、礼品券（B券）领取时间：当日营业时间。

（7）促销服务台在发放赠券（A券）后，在收银机制小票第一联（白色）上加盖“已领赠券”章，并收回收银机制小票第二联（粉色）；发放礼品券（B券）后，在收银机制小票第一联（白色）上加盖“已领礼品券”章，并收回购物小票顾客留存联。

（8）各岗位工作人员应提醒顾客先以完整购物凭证参加抽奖活动，再参加赠送活动。

（9）不接受礼品券（B券）的品牌商务必在本次活动开始前3天提出书面申请，经业务总监、营销总监分别审批后，在财务备档，并现场明示后方有效。

（三）活动3：吉祥年、欢喜月

1. 活动内容。

活动期间，在4号门附近设3个抽奖箱（暗箱），内放所需乒乓球，球上做好标记。凡在我商场1～5楼当日累计购物满300元（现金部分）均可参加抽奖活动。

2. 抽奖规则。

（1）凡获取摸奖资格的顾客按年、月、日顺序进行摸奖活动。

（2）摸中“吉祥年”乒乓球者方可继续摸取“欢喜月”乒乓球，摸中“欢喜月”乒乓球者方可继续摸取“幸运日”乒乓球。

（3）单张机制小票累计满300元限摸一次，超出300元部分不再重复累计。

3. 奖项设置。

（1）摸出“20××年”字样乒乓球者可获得VIP银卡一张及十足抵用券（A券）20元。

（2）摸出“12月”字样乒乓球者或“1月”字样乒乓球者可获得VIP金卡一张及十足抵用券（A券）600元。

（3）摸出购物当天日期者（如在27日购物，摸中有“27日”字样乒乓球者）可获得VIP金卡一张及十足抵用券（A券）3000元。

4. 抽奖事项。

（1）顾客需持当日完整购物凭证（收银机制小票和购物小票顾客留存联）参加本活动。

（2）顾客抽完奖后，工作人员需在收银机制小票和购物小票顾客留存联上分别加盖“已抽奖”章，抽中奖项者按奖项级别分别加盖“吉祥年”“欢喜月”“幸运日”章。

（3）促销服务台在发放完奖后，收回收银机制小票第一联（白色联）并做好登记。

（4）抽奖地点：4号门（肯德基侧）。

（5）抽奖时间：当日营业时间。

（6）领奖地点：6楼促销服务台。

（7）领奖时间：当日营业时间。

（四）活动4：6楼百元街酬宾送礼

1. 活动内容。

活动期间，在6楼百元街同一柜组累计购物满500元（现金部分）（20××年

12月21日—20××年1月7日消费部分都可重复累计）的顾客，可到该消费柜组领取价值50元礼品一份；12月29日、30日、31日，每天前30名光临6楼百元街的顾客将免费获赠精美礼品一份；1月1日、2日、3日每天9：30至10：30，6楼百元街头饰区全部6折。

2. 活动规则。

（1）顾客凭购物小票顾客留存联进行消费金额的累计。

（2）免费礼品发放处：6楼扶梯口。

3. 顾客参与流程。

消费金额超过300元的顾客，凭完整购物凭证（收银机制小票和购物小票顾客留存联）到商场4号门参加“吉祥年”“欢喜月”“幸运日”抽奖活动到6楼促销服务台按消费金额（现金部分）领取相应赠券（A券）、礼品券（B券）。

4. 特别提示。

（1）本档活动期间，各收银台需要打印两联收银机制小票。

（2）活动期间，VIP卡折扣功能暂停，但积分累计功能正常使用。

（3）其他活动实施要求及各部门工作要求安排请参照以前同类活动通知。

【实战范本3】××超市儿童节促销方案

××超市儿童节促销方案

一、活动目的

每年的6月1日是国际儿童节，在这一天，很多家长会陪孩子出去玩，为了把握这次商机，××超市针对六一儿童节制订了促销方案。“六一”国际儿童节不仅能带动人气，促进相关商品的直接销售，而且能建立良好的企业形象，增强品牌势能。同时希望通过这次六一儿童节的促销活动能提高××超市在少年儿童心目中的影响力，借助儿童节来提高成人的消费，以特别的比赛互动形式来营造六一儿童节的欢乐气氛，促进儿童商品的销售。

二、活动时间

5月27日—6月3日。

三、活动主题

庆六一，欢乐送；活动多，礼品多。

四、促销商品

主要是儿童类消费品，比如童装、童鞋、玩具、文具、体育用品、图书、零食饮料等。

五、促销宣传

1. 人员宣传：在××超市门口安排人员对过往的人进行宣传（主要针对带着小朋友的家长），吸引他们进来参加促销活动。

2. 派发传单：安排工作人员到幼儿园、小学和初中发放宣传单，扩大本次促销的知名度。

六、活动安排

（一）儿童类商品8.8折销售

1. 活动时间：5月27日至6月3日。

2. 活动地点：××超市。

3. 活动对象：任意消费者。

4. 活动内容：在本次活动期间，购买童装、童鞋、儿童用品、学生用品，以及指定的零食和饮料全场6～9折，其中根据商品的利润和销售量来确定商品的打折力度。

（二）卡通面具大放送

1. 活动时间：5月27日至6月3日。

2. 活动地点：××超市六一儿童节领取礼品的专柜。

3. 活动对象：成人或小朋友。

4. 活动内容：1000个卡通面具免费大放送，凡在超市进行消费的消费者均可以凭购物小票免费领取卡通面具一个。

（三）个个有奖，礼品大放送

1. 活动时间：5月27日至6月3日。

2. 活动地点：××超市六一儿童节领取礼品的专柜。

3. 活动对象：成人或小朋友。

4. 活动内容：凡在××超市消费满50元的消费者均可以凭借购物小票到××超市六一儿童节领取礼品的专柜进行抽奖，每个人都能获得一份奖品。

5. 奖品如下。

特等奖1名：英汉电子词典。

二等奖10名：乒乓球拍1副。

三等奖50名：铅笔1支。

安慰奖：心连心促销气球1只。

（四）免费摄影机会放送

1. 活动时间：5月27日至6月3日。

2. 活动地点：××超市六一儿童节领取礼品的专柜。

3. 活动对象：成人或小朋友。

4. 活动内容：××超市与附近的摄影楼合作，凡在××超市消费满200元的消费者均可以凭借购物小票到××超市六一儿童节领取礼品的专柜领取免费的摄影券，家长可以凭票带着小朋友到合作影楼进行1张10寸照片的拍摄并冲洗照片。

（五）魔术智慧片拼图比赛

1. 活动时间：5月31日至6月1日两天早上9点—11点，下午3点—5点。一共举行24次比赛。

2. 活动地点：××超市门口广场。

3. 活动对象：4～15岁的小朋友。

4. 比赛分组：4岁至6岁一组，7岁至10岁一组，11岁至15岁一组。每组20个小朋友。拼图的难度依次增加。

5. 活动限时：8分钟。

6. 活动内容：参赛儿童在规定时间内将打乱的拼图拼好，在比赛规定时间内完成的小朋友可以直接领取气球1个，同时每场比赛第一个完成的小朋友可以获得××布偶1只。

（六）爸爸妈妈比画，宝宝猜比赛

1. 活动时间：5月31日至6月1日两天早上8点30分—11点，下午2点—5点。

2. 活动地点：××超市门口广场。

3. 活动对象：4～15岁的小朋友。4岁至6岁一组，7岁至10岁一组，11岁至15岁一组。

4. 活动限时：5分钟。

5. 活动内容：参加比赛的家庭选出一位家长和小朋友一起参加本次活动。由家长比画所出的物品，宝宝来猜。所选取的物品是小朋友经常接触的物品，难度根据小朋友的年龄不同而有所不同。

难度随着年龄的增加而增加。能猜出两个的小朋友可以领取气球1只，猜出5个的小朋友可以领取铅笔1支，猜出10个的小朋友可以领取××饮料1瓶，猜出20

个的小朋友可以领取××玩偶1只。

七、注意事项

（一）保证比赛和抽签的公平性

在本次促销活动中必须保证抽奖和比赛的公平公正性。由于参加比赛的小朋友年龄段不同，比赛的难度有所差异，我们要尽量做到比赛公平，避免在比赛中有不公正的行为，引起家长的不满和反感，提高顾客对我们××超市的认可度。

（二）保证奖品存量足够

由于本次促销活动需要发放很多的奖品，我们要确认奖品存量足够，避免有顾客来领取奖品或者抽取奖品时，奖品却不够的尴尬情况发生。

（三）提早搭建好比赛现场

提早搭建好比赛的场地，工作人员早点儿就位，防止小朋友来了，比赛还不能开始，比如工作人员没有就位，比赛现场还没搭建好、话筒出现问题等。

（四）确保活动的安全性

确保本次促销活动中人员安全，避免由于人多、比赛而产生的一些不安全的情形，比如说小朋友私自去抢奖品、多人发生踩踏的行为。确保每个来到我们××超市的顾客和小朋友都能愉快地来，愉快地走。

（五）现场氛围营造

节日活动气氛包括两部分，一是现场氛围，包括气氛海报、POP张贴、装饰物品的布置、恰到好处的播音与音乐，这些将会在很大程度上刺激顾客的购买欲望。具体而言，做好主题广告宣传，从色彩、标题到方案、活动等均突出节日氛围，以主题广告营造节日商机；二是员工心情，这就要看组织者能否调动员工的积极心态了。其中最有效的方法就是制定一个恰当的任务与销售目标，活动结束后按照达成率情况进行奖赏。

【实战范本4】××超市端午节促销方案

××超市端午节促销方案

一、活动目的

五月初五端午佳节时，中华民族都有赛龙舟，挂艾蒿，饮雄黄酒，吃粽子、咸蛋、绿豆糕等传统。通过举办一系列活动，营造端午过节气氛，从而吸引顾客前来参与购买，提高销售额。

二、活动时间

6月15日—20日。

三、活动主题

万水千山“粽”是情。

四、活动安排

（一）粽香千里，免费品尝

1. 活动时间

6月15日9：00至11：00。

2. 活动内容

活动期间在现场设免费试吃台，为顾客准备好款款美味香浓的粽子和绿豆糕，让顾客边品尝，边购物，过一个欢乐愉快的端午节。机会难得，请勿错过！

3. 活动细则

（1）活动道具准备：粽子、绿豆糕试吃品（由供应商提供），蒸锅1个、试吃台1个、托盒3个、一次性塑料杯20条（小）、牙签2盒。

（2）注意现场整洁和卫生。

（3）现场叫卖促销，宣传活动。

（赠品和道具由供应商赞助）

（二）粽香千里，情系万家

1. 活动时间

6月15日—18日。

2. 活动内容

（1）凡在活动期间于本超市一次性购物满138元，即可凭电脑小票到服务台领取“福、禄”粽子1个（每天限200个）。

（2）凡在活动期间于本超市一次性购物满298元，即可凭电脑小票到服务台领取“寿、禧”咸蛋1盒（6个装）（每天限100盒）。

（3）凡在活动期间于本超市一次性购物满600元，即可凭电脑小票到服务台领取“福、禄、寿、禧”包1个（粽子1个、咸蛋1盒）（每天限30份）；赠品数量有限，送完为止。

3. 活动细则

（1）活动赠品进行生动性陈列，并于赠品上贴上“福、禄、寿、禧”字样。另外，印刷带有“福、禄、寿、禧”加上店名字样广告小气球，进行门店派发。

（2）服务台员工严格登记赠品的派送情况，并于活动结束后将赠品登记表上传市场营销部。

（三）“福、禄、寿、禧”送老人尊老敬老爱心行

1. 活动时间

6月16日端午节。

2. 活动内容

尊老敬老是中华民族的传统美德，本超市将于6月15日14：30至17：30设包粽子处，盛邀您参加“福、禄、寿、禧”送老人尊老敬老爱心行。届时将为您准备好包粽子的所需材料，让您一展身手。同时，将把您包的粽子于端午节（6月16日）上午送给社区的老人或老干部，以表对老人的一份爱心。参加此活动的顾客均可得到本超市送出的精美礼品一份。

3. 活动细则

（1）门店企划部和店内员工准备好长桌放于商场出口处，并作现场气氛布置，特别布置“福、禄、寿、禧”送老人尊老敬老爱心行横幅，以宣传活动，提升公司形象。

（2）门店内员工准备好包粽子的各种材料，在桌上分4处放置好。

（3）现场需有本超市员工带头包粽子，促销员口头提醒和引导顾客参加活动，并准备好活动赠品。

（4）在蒸熟的各个粽子上分别贴上“福、禄、寿、禧”红字，将粽子包装在礼篮上，并在礼篮上贴上“福、禄、寿、禧”送老人字样。

（5）门店人力资源部于活动前两天联系好各店要慰问的老人院或老干活动中心，确定慰问时间和活动流程。

（6）由店长、企划部经理等店领导带领店内员工和热心顾客一同去拜访老人，为其送上礼物，以表慰问。

（7）门店企划部做好后勤和宣传工作，将活动的过程和效果进行拍照并于活动结束后上传至市场营销部。

五、活动宣传

（1）门店企划于6月3日将喷绘好的活动内容宣传板告示板摆在门店正门口显眼位置和服务台做前期宣传。

（2）活动期间，店内广播准确、简洁播放活动内容，播放频率不得小于2次/30分钟。

（3）活动期间，门店收银员和员工积极主动告知顾客参加促销活动。

（4）加强对促销员的促销意识培训，让其明白搞好××超市的促销活动是互利的，积极主动地融入××超市的促销活动中来，做好促销活动的口头宣传。

【实战范本5】××商场“七夕节”营销方案

××商场“七夕节”营销方案

一、营销思路

农历七月初七是中国的情人节，即“七夕节”。由于这个节日的特殊性，同时带着几分浪漫的色彩，爱的话题永远不过时，与之相匹配的品类几乎囊括了整个商业综合体。如何通过各业态间的联动来相互引流，带动整体的销售，是这个企划案最应该考虑的，因为单纯的打折、特价让利已经很难带给顾客惊喜，想要突破唯有从异业的合作以及体验赋能上入手。

二、活动目的

一方面，在商品让利上吸引刚需消费客群；另一方面，通过丰富的文化营销，吸引消费者到商场体验、休闲、娱乐，尤其是凸显“爱”的主题，并加以放大和渲染，进而带动消费提升。

三、活动主题

“情牵七夕·缘来是你。”

四、活动时间

8月16日—19日。

五、营销策略

（一）活动1：Come on, baby！全城寻宝乐翻天。

1. 活动时间：8月16日—19日。

2. 活动内容：无惊喜，不狂欢！活动期间，只要您在百货区消费满277元，或在超市区消费满77元，即可开启属于您的百宝箱！里面会有什么呢？手机、现金、化妆品、名酒……统统都有可能！还等什么呢？这个七夕，赶快约上TA一起来寻宝吧！

3. 活动规则。

（1）顾客凭电脑小票到大门口活动地点参与，每张小票仅限参与1次。

（2）顾客随机在抽奖箱内抽出一个号码牌，对应的百宝箱的编号当场即可打开，礼品当场兑换。

（3）黄金珠宝、钟表首饰、配套项目、烟酒柜、小家电及团购不参与本次活动。

4. 奖品明细。

1号百宝箱（1名）：××手机1部。

2号百宝箱（3名）：50元现金+××化妆品套装1份。

3号百宝箱（5名）：××葡萄酒1瓶+加多宝六连罐1组。

4号百宝箱（10名）：××保温杯1个+××抽纸1提+××香皂1块。

5号百宝箱（15名）：拖鞋1双+××口香糖1瓶+××牙膏1支+××牙刷5支装1包。

6号百宝箱（30名）：××奶糖1包+加多宝六连罐1组+××手帕纸1包。

7号百宝箱（60名）：××雪糕1盒+××牙膏1支。

8号百宝箱（100名）：××抽纸1提+××果汁1罐。

9号百宝箱（200名）：××酸奶1组+袜子1双。

10号百宝箱（500名）：10元通用现金券1张。

5. 费用预算：××××元。

（二）活动2：VIP任性礼，翻牌赢西瓜。

1. 活动时间：8月16日—19日。

2. 活动内容：会员福利年年有，今年特别多！活动期间，只要您在百货区一次性消费满500元，或在超市区一次性消费满100元，或在租赁专柜消费满800元，凭当天小票即可参加“疯狂翻牌”游戏，猜单双数，猜对即送大西瓜，50%的超高中奖率！千万不要错过哟！

3. 活动规则。

（1）每张购物小票限参与1次，小票不可累加。

（2）大宗团购的小票不参与本次活动。

（3）工作人员手中有4张牌，2单2双，顾客随机抽取一张猜单双数，猜中即可获得礼品。

4. 礼品名称：黑美人西瓜（约7斤/个）。

5. 费用预估：××××元。

（三）活动3：shopping有主见，折扣无底线。

1. 活动时间：8月16日—19日。

2. 活动内容：活动期间，欧时力、5+、拉夏贝尔、浪登、雅戈尔、奥康、木林森、小猪班纳、安奈儿、爱慕、安莉芳等名品大咖倾情放“价”，全场2折起！金卡会员持卡消费，单笔单柜购满500元即送50元现金套券，限量300套，送完即止。

3. 活动规则。

（1）小票不可累加，每张小票最多限送2套。

（2）50元套券包含30元百货抵用券1张+10元超市抵用券1张+10元餐饮体验券1张。

（3）以上抵用券仅限在相应区域消费，租赁专柜及团购不接受此券消费。

（4）抵用券不设找赎、不兑换现金，不能与其他的优惠券一起使用。

（5）金卡会员需持卡到店方可参与活动，兑换地点在一楼客服中心。

4. 费用预估：××××元。

（四）活动4：真爱七夕，7.7元火爆竞拍。

1. 活动时间：8月17日—18日12：00至13：00。

2. 活动内容：7.7元竞拍，你敢来，我们就敢卖！8月9日12：00，在二楼中庭举办“潮人专属，7.7元竞拍”活动，每款商品以7.7元起步，每次5元、10元、15元、20元……进行加价竞拍，如三声过后无人加价则该商品一锤定音，成交！

部分竞拍品牌：DHC、自然堂、菲诗小铺、珀莱雅、川代、拉夏贝尔、以纯、普普风、浪登、美国苹果、思莱德、圣伽步、木林森、杰克琼斯……

3. 活动规则。

（1）顾客可现场报名参与活动，在工作人员处领取竞价牌。

（2）商品以7.7元起步，每次最低加价5元。

（3）竞拍成功后即可以该价格购买。

（4）如此次活动总参与人数≤10人则推迟或者取消。

4. 费用预算：0元（品牌供应商让利赞助）。

（五）活动5：为爱减价，知心好礼献全城。

1. 活动时间：8月16日—19日。

2. 活动内容：浪漫七夕，为爱减价！活动期间，超市区每天推出不同系列的劲爆活动，邀您一起血拼。

①8月16日，实惠抢先一步！早上7：30至9：30，生鲜区熟食、水果、蔬菜全场8.5折！

②8月17日，暑假我有一套！超市区图书、文具、书包、背包、玩具全场消费满77元立减10元！

③8月18日，浪漫分享每一刻！超市区巧克力、红酒、公仔、散装糖果、散装果冻、饮料全场8.8折！

④8月19日，全家扫货一起嗨！在超市区单笔消费满77元、177元、277元即可获赠超值好礼1份！

3. 礼品明细。

消费门槛	礼品名称	备货量
满77元	心相印手帕纸1条	×××条
满177元	富光儿童运动保温杯1个	×××个
满277元	伊利纯牛奶1箱	×××箱

4. 活动规则。

（1）特价、团购不参加全场折扣活动。

（2）单张小票限立减或送礼品1次，送完即止。

5. 费用预估：××××元。

（六）活动6：持家有道，与公益同行。

1. 活动时间：8月16日—19日。

2. 活动内容：不当家，怎么知道柴米油盐贵？活动期间，大米、食用油、调料全场9.2折！“旧桶抵现”再次来袭，凭4L、5L食用油的空桶，即可兑换10元抵用券一张。凭券购买4L、5L的食用油即可立减10元！这个七夕，勤俭持家、购物休闲两不误哦！

3. 活动规则。

（1）全场折扣活动特价、团购、租赁专柜不参与。

（2）“旧桶抵现”活动与全场折扣活动不能同时参与，单笔限抵用1张。

（3）10元券仅限于购买相同规格的食用油时抵用，其他用途无效。

（4）现金券不找赎、不兑现，有效期截至8月30日，逾期作废。

4. 费用预估：××××元。

（七）活动主题7：浓情七月，特别的爱给特别的你。

1. 活动时间：8月16日—19日。

2. 活动内容：七夕浪漫季，惠及千万家！凡是农历七月份过生日的顾客，凭有效身份证件到服务台即可享受以下免费专属服务。

（1）获得1磅巧克力鲜果蛋糕1个+玫瑰花1枝。

（2）获得由IMA×提供的电影5折兑换券1张。

（3）获得由“靓点美甲”提供的免费美甲服务1次。

（4）获得由“拉丁餐厅”提供的单人自助餐5折券1张。

（5）获得由“大卡司”提供的奶茶券1张。

（6）获得免费包装和邮寄礼品服务。

（7）获得当天免费停车专享服务。

3. 费用预估：××××元。

（八）挑“赞”朋友圈，组团吃大餐。

1. 活动时间：8月16日—19日。

2. 活动内容：你的朋友圈有多强大，试一试就知道！七夕期间，关注本商场官方微信公众号，将微信内容分享到朋友圈，并集××个赞即可获得两人餐代金券1张；集赞×××个即可获得四人餐代金券1张；集赞××个即可获得六人餐代金券！赶快挑“赞”朋友圈，一起吃霸王餐去！

3. 活动规则。

（1）已关注微信的粉丝直接分享到朋友圈并集赞。

（2）集赞完成后截屏，凭截屏到服务台兑换代金券。

（3）代金券不设找赎、不兑换现金。

（4）代金券限在指定餐饮品牌使用，单笔限使用1张。

（5）代金券不可与其他类型的优惠券、抵用券一起使用。

（6）代金券的有效期截至8月25日，逾期作废。

4. 费用预算：0元（商家友情赞助）。

六、活动分工

1. 百货营运：负责百货区活动落地对接及跟进。

2. 超市区：负责活动落实执行，做好赠品领用。

3. 财务部：负责现金券制作及督导派发过程的整个环节，包括回收、备案。

4. 市场部：负责方案落实及及时反馈结果，与营运部做好交接、反馈。

5. 行政部：负责赠品的采购，需提前2天到位。

6. 客服部：负责积分兑换、现金券发放、做好广播宣传推广。

7. 信息部：做好超市折扣、满减等活动价格维护。

8. 美陈：做好所有活动物料安装及活动地点装饰，活动拍照留念等。

9. 店务办：活动前动员及督导，确保全店宣传口径统一。

10. IT部：负责微信公众平台的后台管理及活动信息推广，与官网及论坛同步。

七、宣传推广

1. 员工推广：所有员工转发公司官方微信活动内容到朋友圈。

2. 会员短信：×××条，精选半年内有消费记录的会员。

3. 免费渠道：店内广播，官方微信，官方微博，BBS社区及商圈内著名贴吧。

4. 常规物料：外墙巨幅×块，大门口及电梯口展板×块，通道画架×块，各楼层×展架×个，百货专柜A3POP×个，主题方牌×块，百货吊旗×面，超市吊牌×个，超市货架插条×个，堆头三角牌×个，百货及超市场内举牌×个，收银台围挡×块，地贴3米×个、1.5米×个，扶梯、直升梯广告画×幅，外围包树×棵，化妆品区专柜心形气球装饰×个，DM彩页：A3双面×份。

【实战范本6】××超市中秋节促销方案

××超市中秋节促销方案

一、目的

××超市在这美好的秋季与您相约，9月×日“花好月圆人团圆、盛隆送礼礼连礼”与您共度中秋佳节，感受秋天带来收获与成熟的风韵。

二、活动时间

9月×日—9月×日。

三、活动内容

（一）月饼街

1. 目的：通过月饼的大量陈设和新颖的设计布局，吸引顾客前来购买，从而制造人气，带动整个食品至商场的整体销售。

2. 时间：9月12日—28日。

3. 地点：商场二楼。

4. 要点。

（1）策划部在9月11日之前设计制作大型月饼精美堆头，并在堆头周围陈设传统文化氛围浓厚的物品。

（2）采购部、超市部有计划地陈列各种品牌月饼，保证货源充足、品类丰富。

（3）服务中心在活动期间插放关于中秋节的播音问候和传说、由来等内容。

（二）超值大换购

1. 目的：举办提高客单价的活动，给予顾客真正的实惠，提高顾客忠诚度，有力带动百货区和超市区销售。让顾客享受到真正的实惠，这是最直接、最简单也是最有效的营销方法。

2. 时间：9月1日—9日。

3. 地点：商场大堂。

4. 要点。

（1）顾客在金港湾百货三、四楼百货区（限服装区、皮鞋、皮具）消费满50元，或在超市区消费满60元，即可凭单张电脑小票到活动现场加1元换购水晶富士苹果500克。

在百货区消费满100元，或在超市区消费满80元，即可凭单张电脑小票到活动现场加1元换购2.5升巨炮可乐1瓶。

在百货区消费满150元，或在超市区消费满100元，即可凭单张电脑小票到活动现场加1元换购3千克金威高效能柠檬洗衣粉1包。

在百货区消费满200元，或在超市区消费满150元，即可凭单张电脑小票到活动现场加1元换购烤鸡1只。

在百货区消费满500元，或在超市区消费满60元，即可凭单张电脑小票到活动现场加1元换购，顾客不能享受累积优惠换购，只能在现有的基础限制内进行换购。

（2）百货部负责专柜部分商户的活动期间销售额扣点洽谈，并对营业员进行针对性的活动宣传培训，做例会现场抽调问答。

（3）采购部负责换购商品的洽谈和货源供应。收银部负责换购商品的现场收银。防损部负责活动现场的秩序维护。服务中心负责活动的播音宣传。

（三）“饼饼”有礼

1. 目的：举办提高客单价的活动，向我商场的主要消费对象——外来人群致以节日问候，提高我商场的亲和力，带动整体销售。

2. 时间：9月21日—26日。

3. 地点：服务中心。

4. 要点。

（1）顾客在金港湾任何区域消费满100元及以上，即可凭单张电脑小票在服务中心领取精装月饼1份（2个）。

（2）电脑小票不可累积，当天有效，一张小票只能参加一次月饼兑换。

（3）采购部保证月饼赠品数量及质量。

（四）月饼之王

1. 目的：制造新闻噱头，使之成为本地中秋节活动的一大看点。

2. 时间：9月15日—28日。

3. 地点：商场一楼中庭。

4. 要点。

（1）采购部联络商户免费赞助，制造特大月饼一只，直径在1.8米左右，内装数百个小月饼。注明制造商品牌名称或者我商场名称，放置在一楼中庭显要位置。在9月14日完成。

（2）策划部制作一个专门的玻璃展柜，负责大月饼的广告宣传与月饼由来等等节日内容，并安排在中秋节当晚在广场舞台上分给顾客食用，并穿插游戏和小型演出。

（3）防损部负责大月饼的陈列安全维护和分食活动现场秩序。

（五）中秋欢乐会

1. 目的：提高内部员工士气和归属感，类似的放松活动也有助于调动员工工作积极性，让顾客看到我们企业的活力和内部文化、企业面貌。

2. 时间：9月28日23：00至9月29日0：30。

3. 地点：广场舞台。

4. 要点。

（1）策划部在9月26日之前向各部门征集节目并认真排练，内容包括演唱、舞蹈、朗诵、讲笑话等形式。每个部门提供至少一个节目。

（2）活动期间，采购、食品、生鲜等相关部门准备足量的饮料、啤酒、食品等praty消费用品放置在舞台边的桌子上，各部门员工都可以在活动现场享用。

（3）防损部将活动现场用围栏围起来，所有的休闲椅放置其中，供内部人员使用。

（4）人力资源部现场发放月饼，并与其他员工一起分享“月饼之王”。

（5）策划部准备足够的卡拉OK碟片，并调试好音响系统，准备背投电视和小电视，供内部员工现场演唱。

（6）人力资源部给9月份过生日的员工现场在舞台上发贺礼，生鲜部提供大蛋糕一只，并现场祝贺；由总经理现场致辞，向大家表示节日的问候，并对全体员工长期的辛苦工作表示慰问。

（7）活动期间也可以适当邀请顾客参加表演。

【实战范本 7】××超市国庆节促销方案

××超市国庆节促销方案

一、活动背景

随着“中秋节”促销活动的开展，××超市的销售量有大幅度的提升，而接下来国庆节的到来，将又是一个重要的促销时机，为抓住这一节日的促销契机，××超市特别策划了本次促销活动。

二、活动目的

1. 增加销售量。
2. 吸引新客户、巩固老客户。
3. 应对竞争，争取客户。
4. 增加消费者的冲动消费。
5. 提升营业额。
6. 提高消费者对超市的认同度。
7. 造势，营造购物气氛。
8. 建立与客户之间长期稳定的客情关系。

三、活动时间

20××年10月1日至20××年10月7日。

四、促销主题

“欢乐国庆欢乐送。”

五、促销地点

××超市。

六、促销活动

（一）十一伴你行，折价赔到家

1. 活动时间。

20××年××月××日至20××年××月××日。

2. 特价商品范围。

除以上产品以外，我们还准备了××种产品进行特价促销，具体如下。

（1）节日酒水，原价××元的××干红葡萄酒现在只需××元，数量有限，售完为止。

（2）节日水果（苹果、香蕉、杧果、哈密瓜、火龙果、新疆提子）都在原价的基础上打8折。

（3）节日礼品，熟食（烤肉、烤鸭、卤肉）、主食（面条、大米、小麦）、蔬菜（茄子、大白菜、豇豆等）等在原价的基础上打8折。

3. 活动要求。

在活动期间负责这些降价产品的工作人员一定要注意及时将货源补充到位，特别是蔬菜类的工作人员，要随时注意。

4. 费用预算。

饮料类预计活动预算××元，油类预计××元，膨化食品类预计××元，速溶饮品类预计××元，节日酒水类预计××元，节日水果预计××元，节日礼品类预计××元，共计××元。

（二）超值大派送

1. 活动时间：××月××日至××月××日。

2. 活动内容：凡于10月1日当天来××超市购物的前××名（按结账时间的先后计）顾客凭购物小票，每人可获赠国庆节大礼包（吉祥物公仔1个，价值××元和价值××元的购物卡1张）一份。数量有限，送完即止。

3. 活动地点：××超市总服务台。

4. 活动流程：工作人员核对小票→顾客填写信息表→工作人员在小票上盖上“已换”绿色章子→工作人员将礼包拿出赠送给顾客。

5. 活动要求：工作人员要有耐心，要认真核对购物小票是不是当天的。

（三）给力大抽奖，惊喜乐不停

1. 活动时间。

10月1日—5日。

2. 活动对象。

凡于端午节当天来我超市购物的顾客，单张小票满××元（满××元抽两次，以此类推），即可到××超市指定活动中心参与抽奖活动。

3. 活动规则。

购物满额凭电脑小票，经工作人员确认后，即可单手伸进装满奖券的抽奖箱（抽奖箱高为0.5米，宽为0.3米，开口处圆形弧洞直径为10厘米）抽奖，您抽出来的奖券刮开是几等奖，即可获得相应的礼品。

4. 活动流程。

顾客购物满额→工作人员确认小票金额满额→顾客抽取奖券→选出奖券中相应的礼品送给顾客→工作人员盖紫色“已兑奖”章。

5. 奖品设置。

（略）。

（四）普天同庆

1. 活动时间。

10月1日—3日。

2. 活动内容。

在10月1日—3日这三天中，××会在超市门口举行路演活动，凡是上台参加有奖问答的顾客不论是否购买商品均可获得国庆大礼包一份，每天限30个名额。

3. 具体流程。

在活动期间每天早上9：30开始表演、12：00结束，下午2：30开始表演、5：30结束，在表演开始期间有奖问答与表演的节目穿插进行，每天有奖问答的名额限定在30名，由主持人自己安排好时间。有奖问答的主持人问以下几个问题。

（1）今天超市里面哪一类商品打折力度最大？（宣传单页上有标注，是酒水类）

（2）今天的节日水果打几折？（宣传单页上有标注，8折）

（3）今天买电器的积分是几倍？（500～799.99元为两倍积分，超过800元为三倍积分，店内积分兑换处有标明）

（注：以上三个问题均为抢答，答对者即可获得国庆大礼包一份。）

（五）办会员，送好礼

1. 活动时间。

10月1日—8日。

2. 活动方案。

（1）活动期间，凡是办理会员卡的顾客均可现场获赠精美礼品一份（精美钥匙链1个，价值5元）。

（2）凡是在活动期间凭××超市购物会员卡来本卖场购物的顾客，均可参加积分卡积分双倍活动。

3. 活动要求。

顾客在活动期间购买的商品享受会员卡双倍积分的地点均在收银处。另外，活动期间的购物小票当天消费超过×××元的顾客可以在专门的积分兑换处兑换相应的礼品，兑换过后的小票工作人员要盖上“已兑”的红色章（会员卡上必须消掉××积分）。

4. 费用预算。

活动期间预计送出××张会员卡，价值××元。

推荐阅读

明明白白股权，清清楚楚创业！

书名：股权架构：非上市公司股权设计指南
作者：刘建军
书号：978-7-5454-8918-7
定价：58元
出版日期：2024年1月
出版社：广东经济出版社

全方位解读完美创业团队携程团队成功的秘诀！

书名：这才叫合伙创业：从携程、如家到华住的启示（升级版）
作者：高慕
书号：978-7-5454-8314-7
定价：72元
出版日期：2022年5月
出版社：广东经济出版社

360度详解如何打造百万粉丝超级头条号！

书名：头条号涨粉与运营全攻略
作者：郭春光　杨岚
书号：978-7-5454-7467-1
定价：45元
出版日期：2021年2月
出版社：广东经济出版社

小红书“暴力”涨粉就这么简单！

书名：小红书快速涨粉高阶玩法
作者：向上
书号：978-7-5454-9065-7
定价：58元
出版日期：2024年2月
出版社：广东经济出版社